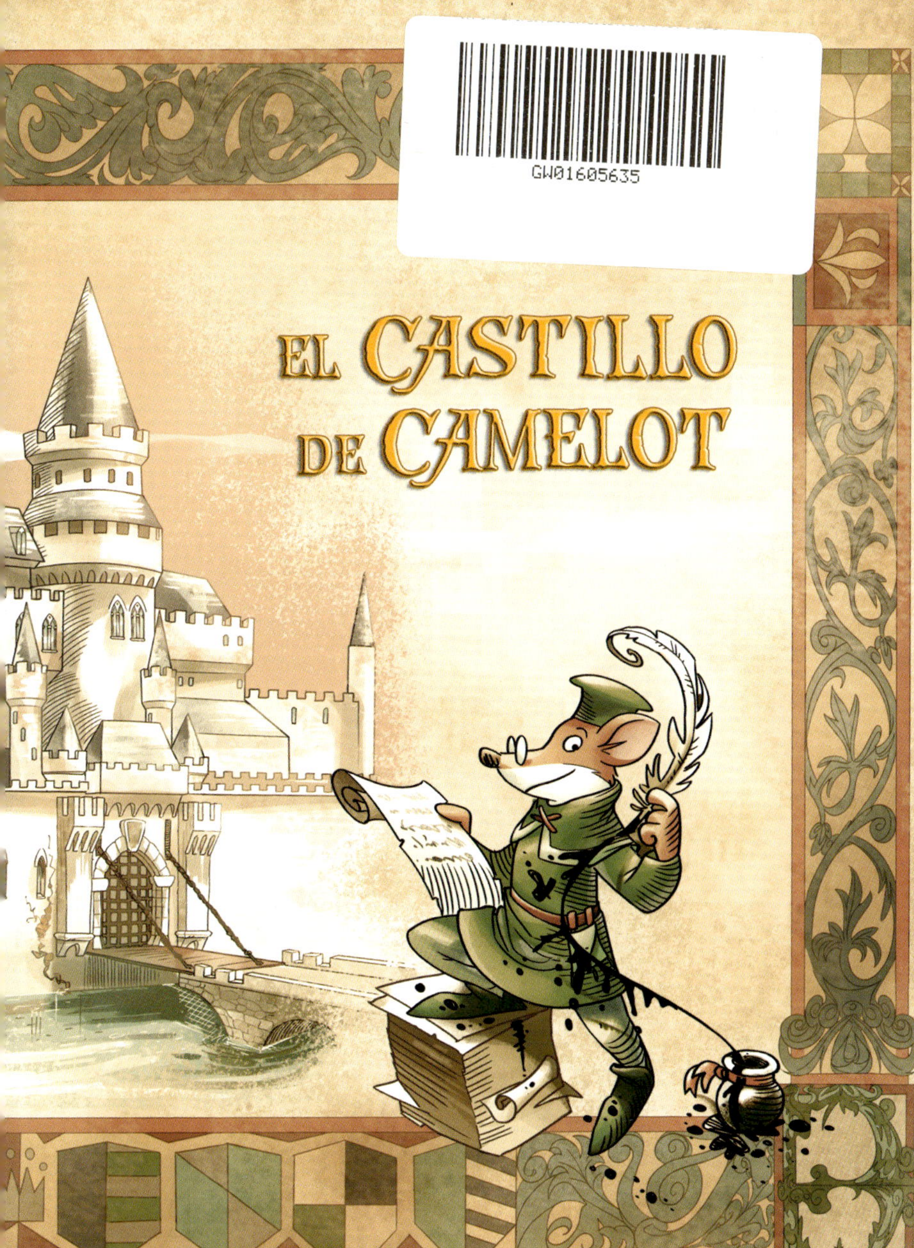
EL CASTILLO
DE CAMELOT

Texto de Geronimo Stilton, *basado libremente en el* Ciclo Bretón
Inspirado en una idea original de Elisabetta Dami
Dirección artística de Flavio Ferron
Asesoramiento artístico de Tommaso Valsecchi
Ilustraciones de Giuseppe Facciotto *y* Barbara Pellizzari *(lápiz y entintado)*,
Alessandro Muscillo (*color*)
Cubierta de Flavio Ferron
Diseño gráfico de Yuko Egusa

Título original: *Le avventure di re Artù*
© de la traducción: Miguel García, 2012

Destino Infantil & Juvenil
infoinfantilyjuvenil@planeta.es
www.planetadelibrosinfantilyjuvenil.com
www.planetadelibros.com
Editado por Editorial Planeta, S.A.

© 2011 - Edizioni Piemme S.p.A., Corso Como 15, 20154 Milán - Italia
www.geronimostilton.com
© 2013 de la edición en lengua española: Editorial Planeta, S.A.
Avda. Diagonal, 662-664, 08034 Barcelona
Derechos internacionales © Atlantyca S.p.A., Via Leopardi 8, 20123 Milán - Italia
foreignrights@atlantyca.it/www.atlantyca.com

Primera edición: marzo de 2013
ISBN: 978-84-08-03715-6
Depósito legal: B. 2.470-2013
Impresión y encuadernación: Egedsa
Impreso en España - Printed in Spain

El papel utilizado para la impresión de este libro es cien por cien libre de cloro
y está calificado como **papel ecológico**.

Geronimo Stilton

LAS AVENTURAS DEL REY ARTURO

DESTINO

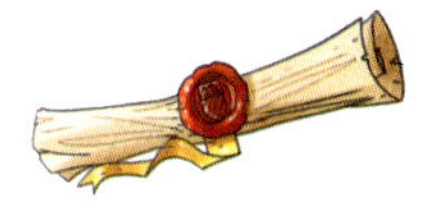

TODO EMPEZÓ ASÍ...

Todo empezó una FRENÉTICA mañana, en la redacción del periódico. Los teléfonos sonaban sin parar y los artículos se amontonaban sobre mi escritorio... Ops... Todavía no me he presentado: mi nombre es Stilton,

Geronimo Stilton, y dirijo *El Eco del Roedor*, ¡el periódico más famoso de la Isla de los Ratones!

Aquella mañana, las noticias se sucedían sin tregua, pero yo necesitaba una **PAUSA**. Me apoyé en el respaldo de la silla, me tomé una INFUSIÓN de requesón y degusté un cruasán con triple de queso. Entonces, por debajo del escritorio, vi asomar una altísima pila de cartas...

—¡¿QUÉÉÉÉÉÉÉ?! —chillé—. ¿Quién ha metido el correo debajo de la mesa?

Alguien lo había dejado *debajo* del escritorio porque yo tenía demasiados PAPELES *encima*...

—*¡Por mil quesos de bola!* ¡Si estas cartas contienen más noticias, estoy listo!

Las examiné una por una: mensajes **URGENTES** del alcalde, facturas **URGENTES** por pagar, noticias **URGENTES** que incluir en el periódico.

—¡¡SOCORRO!!—exclamé.

Me zumbaban los bigotes del estrés, pero de repente me llamó la atención un manuscrito enrollado y sellado con **LACRE**... Era de un papel color corteza de queso, áspero al tacto y con los márgenes **ROÍDOS**...

Lo desenrollé con mucha curiosidad. No reconocí la letra, pero la rúbrica florida era la del director del Museo de Historia de Ratonia, el profesor **ATILIO DESMEMORIANDUS**.

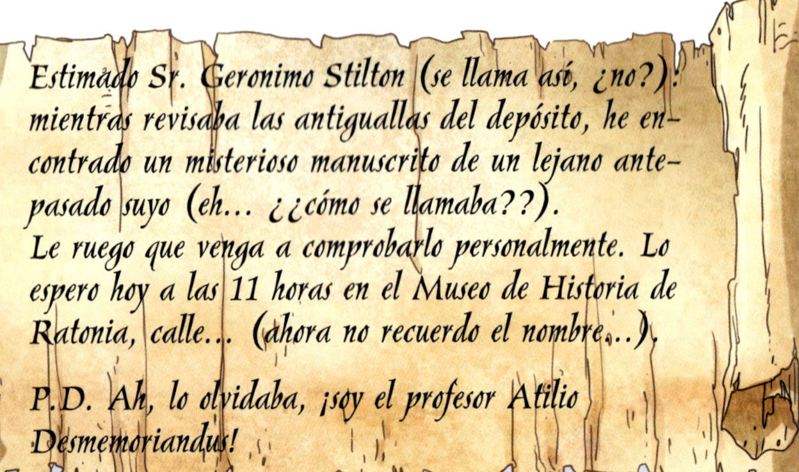

Estimado Sr. Geronimo Stilton (se llama así, ¿no?): mientras revisaba las antiguallas del depósito, he encontrado un misterioso manuscrito de un lejano antepasado suyo (eh... ¿¿cómo se llamaba??).
Le ruego que venga a comprobarlo personalmente. Lo espero hoy a las 11 horas en el Museo de Historia de Ratonia, calle... (ahora no recuerdo el nombre...).

P.D. Ah, lo olvidaba, ¡soy el profesor Atilio Desmemoriandus!

Eché un vistazo al reloj, ¡eran ya las 10.55! Así que salí **PITANDO** del despacho, avisé en la redacción que tenía un compromiso urgentísimo y me subí al primer taxi libre.

—¡Rápido, al Museo de Historia de Ratonia!

Un manuscrito antiquísimo

El taxi se paró delante del Museo de Historia y vi a un roedor que MIRABA a su alrededor con aire perplejo.

Estaba DELGADÍSIMO y en la cabeza tenía una mata de pelo gris todo alborotado, como si se le hubiera olvidado pasarse el peine. Y, sobre todo, tenía la mirada DESPISTADA, como si no recordara lo que estaba haciendo.

Solamente conocía a un ratón que fuera tan desmemoriado, ¡el profesor Atilio Desmemoriandus! Cuando finalmente me vio, esbozó una gran sonrisa.

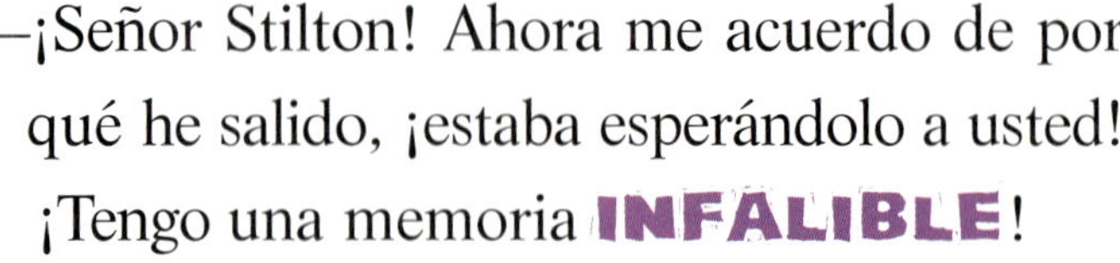

—¡Señor Stilton! Ahora me acuerdo de por qué he salido, ¡estaba esperándolo a usted! ¡Tengo una memoria **INFALIBLE**!

—Ejem, claro... —dije yo—. Quería verme por lo del *manuscrito* antiguo, ¿verdad?

—¿El manuscrito? —dijo frunciendo el ceño.

—Ejem, sí, el manuscrito de mi antepasado del que me hablaba en...

Entonces le enseñé el MENSAJE que me había enviado y él se dio un golpe en la frente con la pata.

—Pues claro, ¿cómo no? ¡El *Códice de Stiltonius*, el gran bardo medieval! ¡Tengo una memoria **INFALIBLE**! Sígame...

El profesor me condujo a una puerta en la parte trasera del museo y sacó un manojo de llaves.

—¿Cuál será? ¡Ah, aquí está! ¡Tiene escrito «almacén»!

Me sonrió al girar la llave en la cerradura.

—¿Sabe?, ¡tengo una memoria **INFALIBLE**!

Abrió la puerta y nos encontramos en el almacén del museo.

Un fino rayo de sol entraba por la ventana e iluminaba un escritorio desordenado. El resto de la estancia estaba en penumbra, pero se entreveían cajas polvorientas, instrumentos polvorientos, libros polvorientos. Tosí.

—**¡Cof, cof!** ¿Dónde está el... **¡cof, cof!**... *Códice de Stiltonius*?

—Tal vez aquí...

Desmemoriandus buscó entre las cajas.

—**¡NADA!** O tal vez aquí...

Y se puso a buscar entre los instrumentos antiguos, inútilmente.

—¡NADA DE NADA! Entonces debe de estar aquí...

El profesor Desmemoriandus fue sacando volúmenes de los estantes.

Mientras, yo manoteaba en medio de una nube de polvo y empezaba a perder la paciencia.

—¡Cof! ¿Por qué no les pregunta a sus ayudantes?

Él se quedó quieto de golpe.

—¿Mis ayudantes? ¡Están todos muy ocupados! ¿No se lo he dicho, señor Stilton?

Respiré hondo y le dije PACIENTEMENTE:

—¿El qué? Quizá se le haya olvidado, profesor...

Desmemoriandus soltó una risita.

—¡Creía haberle hablado de ello! Dentro de una semana, en nuestro museo se inaugurará una importante exposición, *Aventureros de todos los tiempos*, dedicada a los aventureros ¡más AUDACES, más HEROICOS, más MÍTICOS que han existido! Y todos mis ayudantes están ocupados en preparar las reconstrucciones históricas...

—¡Parece muy interesante! —dije—. Pero ahora, ¡busquemos el *Códice de Stiltonius*!

Salí de la polvareda y me senté en una silla.

¡CRRRRAC!

Había aplastado un libro que parecía antiquísimo, con las páginas de pergamino oscurecidas por el tiempo.

El profesor vino hacia mí a toda prisa.

—¡Ah, lo había dejado ahí! ¡Tengo una memoria INFALIBLE!

Lo cogió y lo abrió con mucho cuidado. De repente me saltó a la vista el retrato de un bardo

MEDIEVAL ¡idéntico a mí! Era tan alto como yo y tenía unas facciones parecidas a las mías, pero vestía ropas medievales y sostenía un LAÚD.*

El profesor Desmemoriandus se alegró.

—¡Éste es, querido señor Stilton, el *Códice de Stiltonius*! No es de extrañar que ustedes se PAREZCAN como dos gotas de agua, ¡de hecho, Stiltonius es su lejanísimo antepasado!

Yo estaba asombrado y fascinado... Aproveché el único rayo de sol de la sala para empezar a leer el manuscrito con extrema atención... ¡Era la historia del rey Arturo y los caballeros de la Mesa Redonda!

* Antiguo instrumento musical de cuerda.

El Ciclo Bretón es el conjunto de leyendas ambientadas en la antigua Bretaña (que comprendía Gran Bretaña pero también la Bretaña francesa). Narra la historia de Arturo, el mago Merlín, Excalibur y los caballeros de la Mesa Redonda. Los primeros que contaron por escrito las aventuras de Arturo fueron algunos autores y poetas medievales del siglo XII, entre ellos Geoffrey de Monmouth y el francés Chrétien de Troyes.

Aunque se basaban en leyendas más antiguas, estos poetas ambientaron la historia de Arturo en su época, la Edad Media... ¡y así la imaginamos también hoy nosotros!

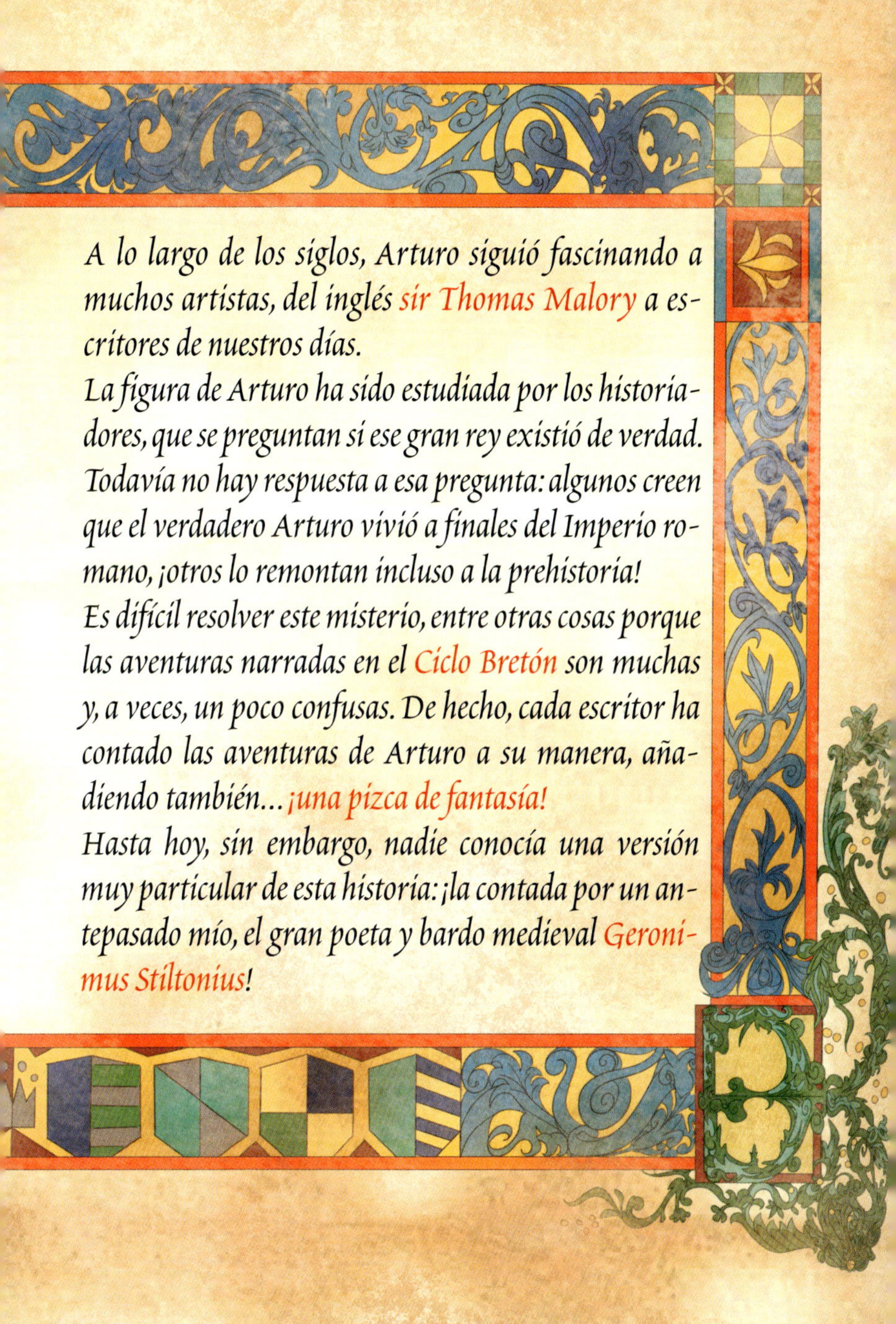

A lo largo de los siglos, Arturo siguió fascinando a muchos artistas, del inglés sir Thomas Malory a escritores de nuestros días.

La figura de Arturo ha sido estudiada por los historiadores, que se preguntan si ese gran rey existió de verdad. Todavía no hay respuesta a esa pregunta: algunos creen que el verdadero Arturo vivió a finales del Imperio romano, ¡otros lo remontan incluso a la prehistoria!

Es difícil resolver este misterio, entre otras cosas porque las aventuras narradas en el Ciclo Bretón son muchas y, a veces, un poco confusas. De hecho, cada escritor ha contado las aventuras de Arturo a su manera, añadiendo también... ¡una pizca de fantasía!

Hasta hoy, sin embargo, nadie conocía una versión muy particular de esta historia: ¡la contada por un antepasado mío, el gran poeta y bardo medieval Geronimus Stiltonius!

AVENTUREROS DE TODOS LOS TIEMPOS

Media hora después, me puse en pie y exclamé:

—¡Esta versión del REY ARTURO es una de las historias más aventureras que he leído nunca!

El profesor, MISTERIOSO, asintió. Yo insistí:

—¿Puede hacerle un hueco al más grande de los HÉROES en su exposición, profesor?

—¡Por supuesto! —exclamó Desmemoriandus—. ¡Precisamente por eso le he llamado!

En los días siguientes, se corrió la voz por toda Ratonia y la exposición *Aventureros de todos los tiempos* se convirtió en un ACONTECIMIENTO esperadísimo.

MUSEO
AVENTUREROS DE TODOS LOS TIEMPOS

Ya de buena mañana, a las puertas del museo se formó una larga cola serpenteante para comprar las ENTRADAS. Todo estaba listo y comenzó la ceremonia de inauguración. En la sala se habían congregado mis amigos más queridos y muchos personajes destacados de la ciudad. Cuando subía al estrado, tropecé con el primer peldaño...

¡PLONG!

Se me cayeron las hojas...

¡FRUSSSS!

Me caí de morros...

¡CRAAAAC!

Entre la multitud sonaron fuertes CARCAJADAS.

COLORADO de vergüenza, me puse bien la chaqueta, ocupé mi sitio en el estrado y empecé mi discurso:

¡Bienvenidos!

—Ejem... Bienvenidos todos... Ejem... Mi nombre es Stilton, *Geronimo Stilton*... Ejem...

—¡Ánimo, tío Geronimo! —gritó entonces mi sobrinito Benjamín.

—¡Estamos aquí por ti! —gritó ansiosa su amiga Pandora—. ¡Empieza a contar!

Entonces me armé de **VALOR** y dije solemnemente:

—¿Están listos para escuchar la saga más heroica de todos los tiempos, la leyenda del más arrojado de los caballeros, de sus épicas gestas y las de sus esforzados compañeros de **AVENTURAS**?

El público se calló, todos contuvieron la respiración a la espera de mis palabras.

—¡Entonces presten atención y dispónganse a escuchar la historia del REY ARTURO Y LOS CABALLEROS DE LA MESA REDONDA!

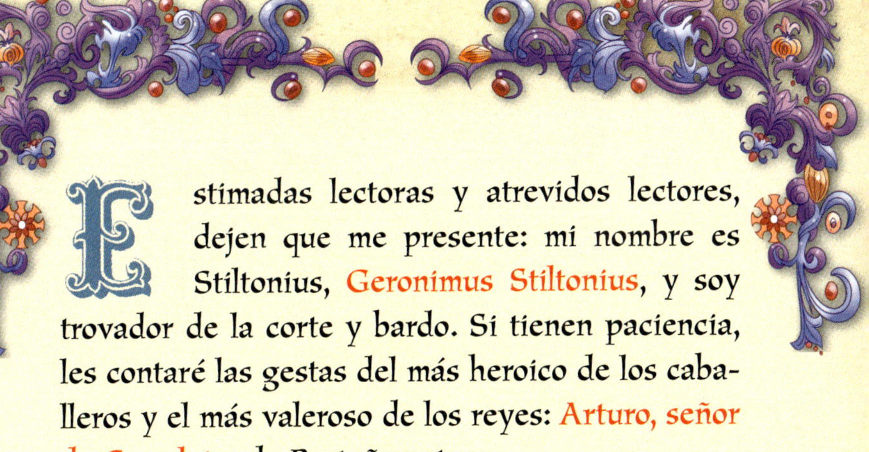

Estimadas lectoras y atrevidos lectores, dejen que me presente: mi nombre es Stiltonius, Geronimus Stiltonius, y soy trovador de la corte y bardo. Si tienen paciencia, les contaré las gestas del más heroico de los caballeros y el más valeroso de los reyes: Arturo, señor de Camelot y de Bretaña entera.

En la época de nuestra historia, Bretaña estaba dividida en pequeños reinos que se enfrentaban en continuas batallas. Según las antiguas profecías, un día llegaría un gran rey que sería capaz de traer la paz, pero nadie había demostrado aún estar a la altura.

Finalmente, el rey Uter, conocido como Pandragón, dio un paso al frente. Reunió a muchos valientes caballeros y con ellos defendió y protegió a cualquiera que necesitara ayuda. Un día, Uter se enamoró de una espléndida dama, la princesa Ygerne.

El rey y el duque

El grupo de caballeros salió del bosque. Las armaduras, alcanzadas por los rayos de SOL que se colaban entre las nubes, relucían como piedras preciosas y los caballos resoplaban, ansiosos por lanzarse al GALOPE. Ante ellos, encaramada a un escarpado monte, se recortaba la fortaleza de Tintagel, erizada de torres **NEGRAS** y AMENAZADORAS.

—¡Alto! ¡Quietos todos! —gritó el caballero que mandaba el escuadrón, tirando de las riendas de su elegante corcel. Luego se quitó el yelmo adornado de plumas. Sobre su brillante

armadura, resaltaba un PETO de seda roja en el que había BORDADO un gran dragón con su enorme boca abierta. Era ese dibujo el que le había valido el sobrenombre de PANDRAGÓN, que significa «cabeza de dragón».

Uter Pandragón era el más VALIENTE de los reyes de Bretaña.

—¡Sire! —exclamó uno de los caballeros—. ¿Nos lanzamos al ataque?

Uter negó con la cabeza. La fortaleza de Tintagel estaba gobernada por el duque de Cornualles, Gorloys, un caballero hábil en el COMBATE. Conquistarla no era empresa fácil y Uter no quería poner en peligro a sus hombres. Así que tomó el gran cuerno de caza que llevaba colgado del cinturón y lo hizo sonar.

¡UUUUUUUUUUUUUUUUUUUUUUUUUUUUUH!

La nota, larguísima y aguda, resonó en todo el valle y voló sobre la hierba del claro hasta alcanzar las piedras negras del castillo. Minutos después, el PUENTE levadizo bajó y tres caballeros salieron al galope. El primero de ellos, que no llevaba yelmo, era Gorloys.

Cuando el duque llegó ante el rey Uter, en sus labios se dibujó una sonrisa desdeñosa. A continuación, preguntó:

—¿Qué haces aquí, delante de mi castillo, con todo un EJÉRCITO de caballeros dispuestos a librar batalla?

Uter le contestó con soberbia:

—Lo sabes muy bien, Gorloys. Tú no eres digno de tu mujer, Ygerne. ¡Yo, en cambio, he jurado salvar su HONOR y su LIBERTAD!

Interiormente, el duque de Cornualles estaba ATEMORIZADO; había oído hablar del rey Uter y sabía que él y sus hombres eran los caballeros más valientes de toda Bretaña. Además, el rey poseía una espléndida espada, y todos decían que era una arma encantada: quien la blandía en duelo no podía perder contra ningún adversario.

Pese a eso, Gorloys decidió desafiar a Uter:

—¡Conquista mi FORTALEZA y podrás llevarte a Ygerne!

—¿Y por qué no le preguntas a ella si prefiere quedarse en tu castillo o venir conmigo?

—¡Sólo es una *mujer*, su opinión no cuenta! —bufó Gorloys.

Uter no daba crédito a lo que oía: ¡aquellas palabras no eran dignas de un verdadero caballero!

—Ten cuidado, Gorloys —le advirtió—. Mis caballeros son famosos por su valor y, aunque Tintagel sea una **FORTALEZA** inexpugnable, encontraré la manera de entrar para salvar a Ygerne.

Por toda respuesta, el duque se echó a reír. Luego hizo dar media vuelta al caballo y, con sus hombres, volvió al castillo.

El encantamiento de Merlín

Cayó la noche. Uter había acampado con sus CABALLEROS y todos estaban sumidos en un SUEÑO profundo, todos salvo el rey; sabía que sus hombres lo seguirían ante cualquier PELIGRO, pero enfrentarse a Gorloys significaba comenzar una larga guerra. Uter era un buen rey y no había tardado en aprender que la paz es la verdadera solución a todos los problemas... ¿Qué podía hacer, pues?

—¿Puedo entrar? —preguntó alguien, justo en ese momento.

Una figura ENCAPUCHADA se metió en la tienda del rey. Vestía una túnica del color del mar durante una tempestad y sostenía un largo bastón NUDOSO. De la capucha asomaba una larguísima BARBA, blanca como la nieve.

—¡Merlín! —exclamó el rey sintiéndose muy aliviado.

Merlín era un mago muy PODEROSO y sus consejos siempre eran muy útiles. Sin duda, lo ayudaría a superar aquella difícil prueba.

—El viento me ha dicho que me necesitabas —explicó *Merlín*—, así que he venido.

El mago se echó atrás la capucha y mostró su rostro. Aunque era muy anciano, no tenía ni una sola arruga y los ojos le brillaban con una luz de **SABIDURÍA**. Después de escuchar en silencio a Uter, que le contó su encuentro con Gorloys, exclamó:

—¡Fíate de mí, Uter! Con un **ENCANTAMIENTO** podré hacerte entrar en Tintagel y así salvarás a Ygerne sin tener que luchar. Pero...

—¿Pero? —repitió el rey, frunciendo el ceño, preocupado.

Merlín entornó los **OJOS** un instante y suspiró profundamente. Luego prosiguió:

—Un gran encantamiento cuesta siempre un precio igual de grande.

Si salvas a Ygerne, viviréis felices juntos y tendréis un hijo, pero tú deberás renunciar al trono de Bretaña y, sobre todo, a educar a tu hijo, pues seré yo quien me ocuparé de ello. Dentro de un año, deberás marcharte de estas tierras para siempre.

Uter se puso en pie de SOPETÓN. Amaba a Ygerne con todo su corazón, pero también era rey, no podía abandonar a su pueblo. Y, sobre todo, pensaba en su HIJO.

—No te preocupes —lo tranquilizó Merlín—, sabré hacer a tu hijo digno del destino que lo aguarda. Sabes que a veces puedo ver el FUTURO... y sé con certeza que, después de ti, ¡vendrá un gran rey que traerá la paz y pondrá bajo su bandera a toda Bretaña!

Uter aceptó la propuesta de Merlín. Entonces, el mago levantó su bastón y murmuró una fór-

mula ANTIGUA y MISTERIOSA... Luego cogió del suelo una jofaina llena de agua hasta el borde y le ordenó a Uter:

—¡MÍRATE!

El rey obedeció y a punto estuvo de gritar de espanto. Su larga barba era más corta, el cabello le había cambiado de color... También su cara había cambiado, ¡ahora era idéntica a la del duque Gorloys! ¡Merlín lo había transformado!

—Ve a Tintagel —le dijo el mago— y sube a la torre más alta. Allí encontrarás a Ygerne.

Después, se volvió a tapar la cara con la capucha y desapareció en un remolino de HUMO.

¡Soy yo, Uter!

El rey Uter, ahora idéntico en todo al duque Gorloys, salió de su tienda. Con gran estupor, se dio cuenta de que había caído una ESPESÍSIMA niebla que envolvía por completo el claro y el castillo de Tintagel, al que volvía casi INVISIBLE. Probablemente debía de ser otro encantamiento de Merlín para ayudarlo.

El rey lanzó su caballo al galope, protegido por la NIEBLA. Al llegar al pie de la colina, desmontó de su fiel corcel y se encaminó hacia el puente levadizo del castillo a pie.

No podía ARRIESGARSE a que los soldados de Gorloys reconocieran su caballo y descubrieran el TRUCO.

El guardia de la puerta era un soldado barrigón y con ojos de sueño. Cuando vio a Uter, lo tomó por el duque y se puso firme.

—¿Qué hacíais fuera del castillo a estas horas de la noche, señor?

—He dado un PASEO para aclararme las ideas —se justificó Uter.

Luego, recordando que Gorloys siempre hablaba en tono ARROGANTE, añadió:

—¡No me hagas esperar, haragán! ¡Baja ya el puente, que quiero ir a saludar a mi mujer Ygerne!

¡Déjame
pasar!

El guardia se apresuró a obedecer y Uter se rió para sí: el plan de Merlín estaba funcionando...

El rey recorrió a grandes zancadas el patio del castillo y subió la escalera de la torre más ALTA. Al llegar a una maciza puerta de roble, oyó que detrás de ella REÍAN. Uter habría reconocido en cualquier parte aquella risa cristalina, ¡era la de Ygerne, la dama a la que **amaba**!

¿Eres tú, Gorloys?

Uter llamó y, segundos después, Ygerne estaba delante de él. Bajo el manto, llevaba un *elegante* vestido con piedras preciosas bordadas y tenía el larguísimo pelo suelto sobre los hombros. ¡Estaba GUAPÍSIMA!

Detrás de ella, sentada en la cama, había una niña pequeña. Uter había oído hablar de aquella niña, era Morgana, la hija de Ygerne y de Gorloys.

Ygerne, obviamente, tomó al rey Uter por el duque Gorloys. Pero él le SONRIÓ y le explicó que había sido transformado por el portentoso encantamiento de Merlín. Luego se subió las mangas de la túnica y le enseñó sus BRAZALETES, dos dragones que se mordían la cola. Ygerne sabía que Uter no se los quitaba nunca y no tuvo ninguna duda.

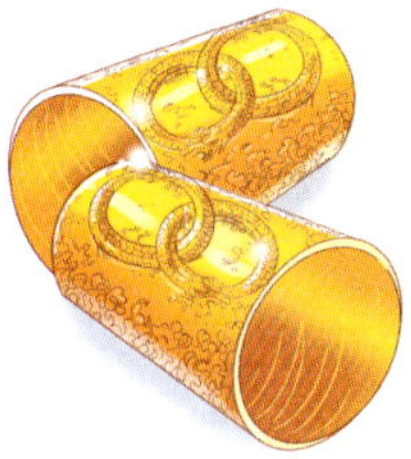

—He venido para salvarte de Gorloys, ¡no es digno de tu amor! —exclamó Uter—. Pero ¡tenemos que darnos PRISA!

Morgana se levantó de la cama y agarró con sus manitas la falda de Ygerne.

—¡Quiero ir con vosotros! —chilló—. ¡No me dejéis sola en el castillo!

Uter asintió con ternura:

—¡No te preocupes, tú también vendrás con nosotros!

Y así, Ygerne, la pequeña Morgana y él bajaron rápidamente de la torre y llegaron hasta el soldado de guardia.

—¡Déjanos **SALIR**! —ordenó el rey—. ¡He decidido llevar a Ygerne y Morgana al campamento de Uter Pandragón!

El soldado lo observó con RECELO, pero acabó cumpliendo la orden.

UN AÑO DE FELICIDAD

A la mañana siguiente, el verdadero Gorloys se despertó y decidió ir a ver a Ygerne, convencido de que estaba en su habitación. Cuando descubrió que la estancia estaba VACÍA empezó a GRITAR hecho una furia, despertando a todo el mundo:

—¿Adónde ha ido? ¿Adónde ha ido Ygerne?

El centinela de la noche anterior llegó corriendo y, PERPLEJO, le dijo:

—¡Mi señor, fuisteis vos quien ordenasteis liberarla! ¡Anoche llevasteis a Ygerne y Morgana al campamento de Uter!

Gorloys comprendió que el rey Uter debía de haberle jugado una MALA pasada. Hizo ensillar un caballo y abandonó el castillo de Tintagel para ir al claro donde estaban acampados los caballeros de Pandragón.

Los encontró DESAYUNANDO delante de una gran hoguera; Morgana e Ygerne jugaban juntas en el prado, contempladas por la mirada afectuosa de Uter.

Al ver sus luminosas SONRISAS, Gorloys comprendió que había cometido un grave error con Ygerne: la había obligado a vivir en el castillo sin preocuparse por sus sentimientos, privándola de su libertad. ¡Se había comportado de un modo indigno en un caballero!

Desmontó sin saber qué decir, pero en ese momento, el rey Uter se puso en pie e, intuyendo sus buenas intenciones, dijo:

—Ven y siéntate con nosotros. ¿Has visto a Morgana? ¡Se está DIVIRTIENDO muchísimo con Ygerne!

—He venido para... —Gorloys dudó, un tanto CORTADO, luego bajó la mirada y se calló.

Uter sonrió y asintió con la cabeza.

—Ahora que has comprendido tu ERROR, podremos ser aliados y amigos. ¡Necesito tu apoyo, porque hay mucho que hacer!

Y era verdad. Uter recordaba muy bien la promesa hecha a Merlín y sabía que al cabo de un año debía ABANDONAR Bretaña para siempre.

Pero antes tenía que dejar arreglados todos los  **ASUNTOS** del reino para que su pueblo pudiese vivir prósperamente también después de su marcha.

Gorloys aceptó con **ENTUSIASMO** la propuesta del rey y lo ayudó a administrar el reino. Fue un año realmente *feliz*.

Uter e Ygerne se casaron y dieron una FIESTA que duró tres días y tres noches y en ella participaron todos los súbditos de su majestad. Pasados nueve meses, Ygerne dio a luz a un **HIJO** varón, con el cabello tan rubio como las espigas de trigo. Uter pensó que no había sido tan feliz en toda su vida y eligió para el niño el nombre de Arturo.

La espada del rey

Las estaciones se habían sucedido rápidamente. Al CONCLUIR un año desde la liberación de Ygerne, el rey Uter hizo ensillar un caballo para él y otro para su mujer y un pequeño poni para Morgana. Luego esperó delante del castillo, sosteniendo en brazos al pequeño Arturo envuelto en una **MANTA** de seda. Merlín llegó puntual. El mago venía a caballo y éste tenía un pelaje tan BLANCO como la nieve. Uter tenía una expresión orgullosa.

—He respetado el trato, Merlín —dijo con solemnidad—. Tú me ayudaste y ahora pagaré el precio por el ENCANTAMIENTO. Ygerne y yo nos iremos a vivir lejos de aquí.

Su esposa añadió:

—Arturo y Morgana se quedarán contigo y crecerán en la tierra donde nacieron. Sabemos que les enseñarás muchas cosas y los convertirás en adultos SABIOS y BUENOS.

Con una inclinación, Uter le entregó el pequeño Arturo a Merlín, que lo cogió en brazos con delicadeza. El mago sabía que, aunque procuraban que no se les notara, Uter e Ygerne tenían un gran peso en el corazón. Era DIFÍCIL abandonar el castillo y despedirse de sus adorados hijitos.

Merlín los miró a los OJOS y dijo:

—Amigos míos, como sabéis, yo puedo ver el futuro. Pues bien, Uter, hace un año te dije que después de ti vendría un GRAN REY capaz de unir Bretaña en un solo reino en paz. ¡Tu hijo Arturo será ese soberano!

Morgana, curiosa, preguntó:

—¿Y yo? ¿Yo también seré REINA?

La niña tenía una mirada ceñuda.

—No, Morgana —le respondió el mago negando con la cabeza—. Tú serás mi pupila y haré de ti una poderosa hada.

Uter e Ygerne sonrieron y le dieron las gracias a Merlín; ahora podían marcharse tranquilos.

Después, todos se ENCAMINARON a la espesura que rodeaba el castillo.

Al llegar al corazón del bosque, el rey Uter vio una gran PIEDRA entre los árboles. Bajó del caballo y desenvainó su espada.

—Ésta es una espada encantada —declaró—. Quien la empuña no puede ser derrotado en COMBATE. Será mi regalo para el nuevo rey de Bretaña.

Uter aferró la espada con sus grandes manos y la hincó con fuerza en la roca, hundiendo toda la hoja en la piedra hasta la empuñadura.

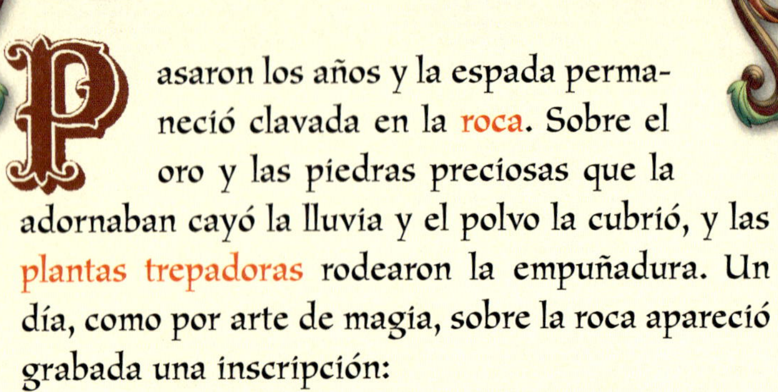

Pasaron los años y la espada permaneció clavada en la roca. Sobre el oro y las piedras preciosas que la adornaban cayó la lluvia y el polvo la cubrió, y las plantas trepadoras rodearon la empuñadura. Un día, como por arte de magia, sobre la roca apareció grabada una inscripción:

«QUIEN CONSIGA EXTRAER
ESTA ESPADA DE LA ROCA
SERÁ POR DERECHO REY DE BRETAÑA»

La leyenda de la espada del rey Uter Pandragón se difundió por valles y castillos. Multitud de curiosos emprendieron largos viajes para ir a ver de cerca la famosa roca y en las inmediaciones surgió una pequeña ciudad, Londres. Muchos nobles y caballeros trataron de sacar la espada, pero ninguno de ellos tuvo éxito en su intento.

Bretaña seguía sin un soberano...

El gran torneo

Para convertirse en un rey bueno y sabio, Arturo tenía que aprender una lección muy importante: la **HUMILDAD**. Por eso, Merlín mantuvo consigo a la pequeña Morgana y llevó a Arturo al castillo de sir Antor sin revelarle a **NADIE** que el bebé era hijo del rey Uter.

Sir Antor era un noble de aspecto **SIMPÁTICO** y tupidos

bigotes. Era una persona amable y siempre ALEGRE, y tenía un hijo de nombre Keu. Antor y Keu se encariñaron en seguida con el pequeño Arturo y lo acogieron como a un miembro más de su familia. Antor le enseñó las reglas de la caballería para que, de mayor, pudiese ser el escudero de Keu.

Arturo creció y se convirtió en un chico espigado, de grandes ojos y mirada vivaz e inteligente. Keu y él eran como uña y carne: juntos aprendieron a cazar en el bosque y a batirse como auténticos caballeros. En los momentos de tranquilidad, estudiaban en la gran biblioteca de sir Antor. Un día, cuando faltaba poco para la Navidad, sir Antor llamó a los dos chicos y les dijo:

¡Toma, Keu!
¡Gracias!

—He recibido un mensaje muy importante. En Londres va a celebrarse un gran torneo, una justa caballeresca. Bretaña necesita un rey que traiga la PAZ al reino y, en vista de que hasta ahora nadie ha logrado sacar la ESPADA legendaria, han decidido que quien venza en el torneo... ¡se convierta en rey!

Arturo y Keu estaban entusiasmados.

—¡Acudirán los caballeros más valientes de Bretaña! —gritaron a la vez.

—¡Exactamente! —confirmó sir Antor, satisfecho—. Keu, tú que ya eres lo bastante

mayor, serás nombrado caballero y podrás participar en el TORNEO.

—¡Y yo seré tu escudero! ¡Te llevaré la espada! —exclamó Arturo con orgullo.

El joven quería mucho a su hermano Keu y hacer de **ESCUDERO** era una tarea importante y un gran honor. Así que se fue corriendo a organizarlo todo para la marcha.

Sir Keu fue nombrado caballero y una gran fiesta animó el castillo de sir Antor. Luego, él y sus hijos partieron hacia Londres.

Fue un ***VIAJE*** largo y, cuando llegaron, Arturo no daba crédito a lo que veía: era una ciudad **ENORME** en la que había un continuo ir y venir de personas y mercancías. Por todas partes se veían pabellones de colores y armaduras brillantes y caballeros llegados de todos los puntos del reino para DESAFIARSE en combate.

Había comerciantes, juglares y campesinos vestidos de fiesta y el ambiente era alegre y rebosaba entusiasmo.

Arturo corrió hasta su hermano y le dijo:

—¡Ya verás como mañana en el torneo los derrotas a todos!

¡Otra espada, rápido!

La mañana de Navidad, Arturo y sir Keu se despertaron al alba. Por la noche había NEVADO y todo estaba cubierto por un manto blanco y gélido. Sir Keu, con los dientes castañeteándole, se puso unas calzas de lana.

—Hace mucho FRÍO para batirse... Tal vez habría que celebrar el torneo otro día —murmuró. Aunque no lo admitiera, estaba claro que el joven caballero estaba un poco ASUSTADO.

—Tú eres valiente y noble —lo alentó Arturo—. ¡Sabrán reconocer tu valor!

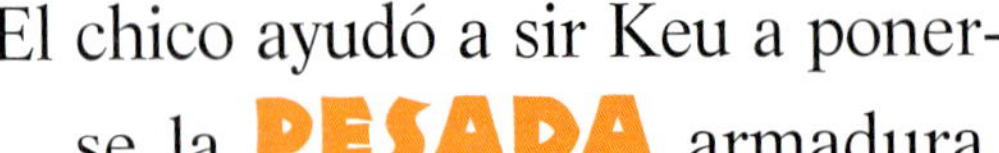

El chico ayudó a sir Keu a ponerse la PESADA armadura. Era brillante y estaba hecha totalmente de hierro, y Arturo se sabía de memoria el nombre de las PIEZAS que la componían, uno de los deberes de un buen escudero.

Para terminar, le pasó a su hermano el escudo y la larguísima lanza.

—Perfecto —dijo Keu resoplando, fatigado por el peso de la *ARMADURA*—. Ya sólo me falta la espada.

Arturo miró en la tienda que sir Antor había hecho montar a un lado del campo del torneo.

¡La espada no estaba! El chico se puso a rebuscar en los BAÚLES, volcó pesados cofres repletos de armas, pero ¡no pudo encontrar la espada en ninguna parte!

—Esto... —balbuceó—. ¡Debí de olvidarla en la posada donde CENAMOS ayer!

—Ve a buscarla, ¡y date PRISA! —bufó sir Keu—. ¡El torneo empezará dentro de poco!

Arturo corrió fuera de la tienda a toda velocidad y cruzó las calles de Londres abriéndose paso entre el gentío. La posada estaba tan LLENA que ni siquiera podía entrar por la puerta y el chico tuvo que colarse por el establo. Llegó al salón y miró por todas partes, pero no había ni rastro de la espada de Keu.

Arturo cogió la bolsa de MONEDAS de oro que sir Antor le había entregado para gastos imprevistos y corrió a una armería para comprar una espada NUEVA, pero con tantos caballeros en la ciudad las armas estaban solicitadísimas y ya no quedaba ni una espada disponible. ¿Qué podía hacer?

Mientras caminaba, rumiando en busca de una solución, el joven Arturo llegó finalmente ante una pequeña IGLESIA. Estaba rodeada de una verja de hierro de poca altura y en el centro del pequeño patio había una roca cubierta de nieve.

Algo sobresalía de la roca.... ¡La empuñadura de una vieja espada! Se trataba precisamente de la famosa espada de Uter Pandragón, junto a la cual, con los años, se había edificado una iglesia. Pero Arturo no lo sabía...

¡Oooooh!

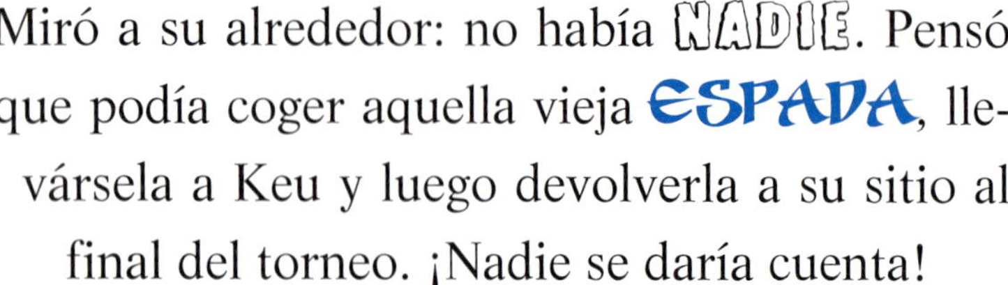

Miró a su alrededor: no había NADIE. Pensó que podía coger aquella vieja ESPADA, llevársela a Keu y luego devolverla a su sitio al final del torneo. ¡Nadie se daría cuenta!

Así que se coló en el patio, se acercó a la roca y agarró firmemente el puño de la espada **CLAVADA** en la piedra.

La sacó sin ningún esfuerzo y luego se fue a todo correr para dársela a Keu.

¿El nuevo rey de Bretaña?

Cuando Arturo le tendió la espada a Keu, el caballero exclamó perplejo:

—Pero... ¡ésta no es **MI** espada!

—Lo sé —reconoció el chico—. Debo de haberme olvidado la tuya en el castillo. Pero ¡he encontrado ésta! Aunque es viejucha, ¡su hoja reluce como si fuera nueva!

Sir Keu examinó el arma y se dio cuenta de que Arturo tenía razón: la empuñadura estaba embarrada, pero el filo de la hoja era perfecto. La limpió mejor. En la parte alta apareció el símbolo de un DRAGÓN. ¡Era el escudo de Uter Pandragón!

El caballero miró pasmado al chico y llamó a sir Antor, al que le enseñó la ESPADA.

—¿Dónde la has encontrado? —murmuró sir Antor, incrédulo.

—En un patio —explicó Arturo—. Pero ¡sólo la he tomado prestada, la devolveré a su sitio en cuanto acabe el TORNEO!

—¿Y qué había en ese patio?

—Una ROCA cubierta de nieve. ¡La espada estaba clavada en ella! —intentó recordar Arturo.

Alrededor de sir Antor se había congregado una multitud de caballeros CURIOSOS que habían reconocido en el acto la espada de Uter.

—¡Alguien ha sacado la espada! —dijo uno.

—¡Debe de haber sido un esforzado caballero! —gritó otro.

Cuando Arturo explicó que había sido él quien lo había hecho, los presentes pensaron que era una broma y se rieron a carcajadas. Para sacar la espada de la roca hacía falta una FUERZA excepcional, ¡no lo habían logrado ni los mejores caballeros del reino, era imposible que pudiera hacerlo un joven escudero!

Sir Antor, acompañado por los demás caballeros, fue al patio de la iglesia y todos vieron que la espada había DESAPARECIDO. Sir Antor cogió entonces la espada y la volvió a clavar en la roca.

—Venga —invitó a Arturo—. Enséñanos cómo lo has hecho.

Pero en ese momento intervino un joven rey llamado Rion.

—¡Ahora es muy FÁCIL! ¡Ahora que la espada ha sido extraída, cualquiera puede hacerlo! ¡Quiero probar yo primero!

El rey Rion apartó a Arturo con PREPOTENCIA e intentó sacar la espada, pero no la mo-

vió ni un milímetro. Otros caballeros se adelantaron y probaron varias veces, en vano.

En ese momento, sir Keu propuso:

—¡Dejemos probar al chico!

Arturo se adelantó, muy TÍMIDO, puso la mano en la espada y la volvió a sacar sin esfuerzo.

Hubo una exclamación general de ASOMBRO, luego el rey Rion refunfuñó en voz alta:

—¡Es un simple escudero! ¡Él no puede ser el rey de Bretaña!

Pero un instante después, una voz solemne tapó la suya:

—Este escudero, como tú lo llamas, es en realidad el hijo del rey Uter Pandragón. ¡Se llama Arturo y en su destino está escrito que será REY!

¡La espada de la roca!
¡Increíble!

¡Ooooh!
¡Imposible!

El regreso de Merlín

La voz era la de Merlín. El mago había llegado a Londres en secreto y había asistido a toda la escena.

—¡Ahora lo entiendo! —exclamó sir Antor abrazando a Arturo—. Cuando eras muy PEQUEÑO, Merlín te dejó a mi cuidado y yo prometí que te educaría. Te he querido como a un HIJO.

—Y yo como a un HERMANO —añadió Keu, arrodillándose—. ¡Ahora que eres el nuevo rey de Bretaña, seré el primero de tus súbditos!

También sir Antor puso la rodilla en tierra y lo mismo hicieron muchos reyes y nobles caballeros.

Pero... ¿qué...?

El rey Leodagán, un SABIO soberano que vivía en Carmelida, en Cornualles, inclinó la cabeza ante Arturo y dijo:

—Mi reino y mis caballeros te pertenecen ahora. Te juro FIDELIDAD y seré siempre tu aliado.

Pero el rey Rion y sus amigos no estaban de acuerdo. De un empujón, Rion tiró al suelo a Leodagán y, con mirada ARDIENTE, se encaró con Arturo.

—¡Me da igual si realmente eres hijo de Uter o si esto es sólo un truco del mago Merlín! —exclamó FURIOSO—. Has sacado la espada, pero no has ganado el torneo, ¡seré tu enemigo y te declararé la GUERRA!

Dicho esto, dio media vuelta y se alejó con sus hombres. Arturo ayudó al rey Leodagán a levantarse y luego miró a Merlín.

—¿Y ahora qué hago? —preguntó confuso.

Por toda respuesta, el mago SONRIÓ y sólo dijo:

—¡Ven conmigo!

Sir Keu mantuvo a raya a la multitud mientras Arturo se alejaba con el mago.

Merlín llevó al chico fuera de la ciudad de Londres, a un bosquecillo donde podrían hablar con calma; para Arturo era todo tan confuso ¡que se sentía ASUSTADO!

—No estoy preparado para ser rey... —balbuceó—. Ni siquiera soy caballero, ¡sólo un simple **ESCUDERO**!

—Aquí estoy yo para ayudarte, así que no temas —lo tranquilizó el mago—. Lo único que debes recordar es que un buen rey tiene el deber de servir siempre a su pueblo. Por eso tu padre Uter y yo decidimos confiarte a sir Antor... ¡No queríamos que crecieras como un principito MiMaDo!

Arturo asintió, atento a cada palabra, y Merlín siguió diciendo:

—Bretaña está DIVIDIDA desde hace demasiado tiempo y ahora necesita un rey que pueda unir a sus pueblos y traer la paz. Éste es el gran reto que el destino te ha reservado y que afrontarás con NOBLEZA de espíritu, VALOR y... ¡HONRADEZ!

La rebelión del rey Rion

Arturo fue coronado aquella misma noche, la noche de Navidad. Durante una semana entera, las calles de Londres estuvieron engalanadas para honrar al nuevo rey, destinado a traer por fin la PAZ. Para el chico empezó un DIFÍCIL aprendizaje: sir Antor le enseñó las estratagemas de la política y las tácticas militares, sir Keu lo ayudó a combatir como un BUEN caballero y Merlín le inculcó los grandes valores que debían guiarlo en su cometido: la nobleza de espíritu, el valor y la honradez.

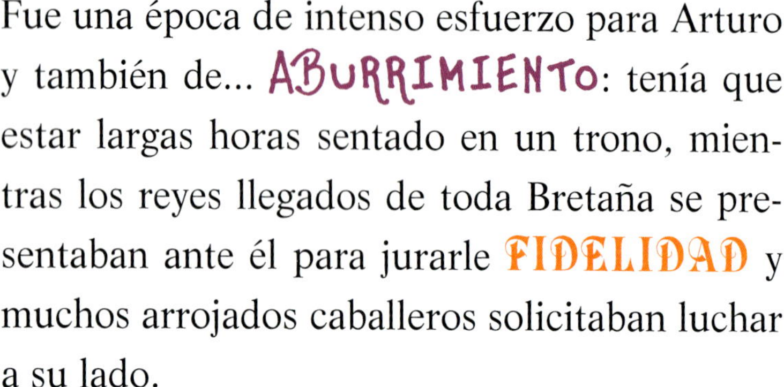

Fue una época de intenso esfuerzo para Arturo y también de... ABURRIMIENTO: tenía que estar largas horas sentado en un trono, mientras los reyes llegados de toda Bretaña se presentaban ante él para jurarle FIDELIDAD y muchos arrojados caballeros solicitaban luchar a su lado.

Solamente el rey Rion y sus aliados no se dejaron ver y pronto empezaron a llegar rumores PREOCUPANTES: ¡Rion estaba organizando una rebelión!

Una mañana, cuando Arturo se encontraba en el salón del trono, entró en el palacio real un mensajero JADEANTE, con la ropa cubierta de polvo por el largo viaje que lo había llevado hasta el castillo.

—¡Majestad —exclamó—, traigo una TERRIBLE noticia! El rey Rion ha declarado que sois

un impostor y que él es el verdadero rey de Bretaña. Ha reunido un EJÉRCITO y ha atacado el castillo de Carmelida, donde reside el rey Leodagán, que ahora está sitiado.

El rey Arturo se puso en pie de un SALTO, empuñando la espada de su padre. Recordaba bien a Leodagán, había sido el primero en jurarle fidelidad. ¡No podía dejarlo SOLO en aquel momento de necesidad!

El chico se volvió hacia su hermano.

—Keu, reúne a los caballeros y haz que ensillen mi caballo. Tenemos que partir inmediatamente a Carmelida, ¡debemos salvar a Leodagán!

El viaje duró muchos días. Desde el castillo asediado llegaban mensajeros de Leodagán con noticias ALARMANTES: ¡el ejército del rey Rion era numeroso, contaba con muchos caballeros aguerridos y las defensas estaban cediendo!

Cuando llegó al campo de batalla, Arturo dejó atrás a sus caballeros y se adentró solo en el bosque. Se subió a un peñasco rocoso desde el que podía OBSERVAR a escondidas la fortaleza del rey Leodagán.

Era un castillo construido cerca del MAR, al borde de un acantilado. Frente a él estaba con-

centrado el mayor ejército que Arturo había visto en su vida... Había infinidad de PENDONES y ARMADURAS brillantes; espadas, escalas y máquinas de asedio estaban listas para asaltar la muralla y derrotar a Leodagán de una vez por todas.

Cuando volvió con sus hombres, Arturo estaba muy CALLADO: ¡aquélla era su primera batalla y tenía que vencer a toda costa!

El secreto de la espada

Merlín le puso una mano en el hombro al joven rey. En el rostro del mago había una expresión TRANQUILA, pero en sus profundos ojos resplandecía un fulgor de ASTUCIA. Le preguntó:

—¿Qué piensas hacer, Arturo?

El chico reflexionó unos instantes.

—¡Daré orden de ATACAR! —contestó resuelto—. Cabalgaré a la cabeza de mis hombres para infundir valor y confianza en sus corazones, ¡todos saben que mi espada es mágica y que no puedo perder ningún combate!

Merlín sonrió para sí con aire MISTERIOSO y dijo en voz baja:

—*¿Será auténtica magia o sólo una pizca de sabiduría? ¿Será auténtica magia o simple astucia?*

¡Quién sabe lo que quería decir! Arturo no tenía tiempo para descubrirlo; dejó que Keu lo ayudara a vestirse con su nueva ARMADURA de rey y levantó el escudo adornado con el símbolo del DRAGÓN, que ya había usado su padre.

¡Adelante!

Después hizo formar a sus caballeros en filas compactas y se dispuso a ordenar la carga. Sin embargo, antes de lanzarse a la BATALLA, el chico quiso despedirse de Merlín, pero el mago seguía susurrando, apartado:

—*¿Será auténtica magia o sólo una pizca de sabiduría?*

Entonces, Arturo recordó cómo había DE-RROTADO su padre al duque Gorloys y había salvado a su madre Ygerne. Uter no había batido a Gorloys con la FUERZA, sino que había actuado de modo que nadie sufriera DAÑO. Arturo alzó la espada hasta sus ojos y comprendió qué quería decir la LETANÍA de Merlín: Uter se había ganado la espada encantada porque... ¡la había usado muy poco!

¡El secreto era evitar enfrentamientos inútiles y convertir a los adversarios en amigos!

Contento por su hallazgo, le dijo a Merlín:

—Gracias, amigo mío. ¡Ahora lo he entendido todo! ¡Para derrotar a Rion no necesito esta espada y tampoco a mi ejército! ¡Basta con un poco de VALOR!

Y así, Arturo envainó la espada, dejó caer el escudo y se quitó el pesado yelmo que llevaba. Luego espoleó a su corcel y se lanzó él solo en medio de la BATALLA.

Ante la fortaleza de Carmelida se sucedían los enfrentamientos, pero cuando vieron llegar a Arturo, todos los soldados se detuvieron, estupefactos. ¿Qué hacía el rey de Bretaña solo, sin yelmo y con la espada envainada? Y, por si fuera poco, ¡una SONRISA tranquila se dibujaba en su rostro!

¡Abrid paso!
¡Es el rey!
¡El rey Arturo!

Arturo pasó entre ellos sin que ninguno soñase siquiera con **DETENERLO** y llegó a las puertas del castillo, donde el rey Leodagán y el rey Rion se batían en duelo. Llevaban bastante rato luchando y tenían las armaduras completamente **ABOLLADAS**.

Cuando vio a Arturo, el rey Rion alzó su espada y gritó **AMENAZADOR**:

—¿Has venido a combatir?

En vez de responder al desafío, Arturo desmontó del caballo y, a continuación, se arrodilló ante Rion.

Un auténtico caballero

En tono humilde, Arturo susurró:

—Rey Rion, tenías razón. ¡Nunca podré ser rey de toda **BRETAÑA** si antes no soy nombrado caballero!

El joven Arturo se soltó la espada del cinturón, la desenvainó y se la tendió con amabilidad al rey Rion, que lo miraba muy atónito desde dentro de su armadura llenísima de ABOLLADURAS y GOLPES.

—Para convertirme en caballero necesito la bendición de un rey que sea valeroso, noble y justo. Como tú, rey Rion. ¡He venido a pedirte que me nombres caballero!

En el campo de BATALLA todos se habían quedado mudos, ¡jamás se había visto algo así! Pero el más estupefacto era el rey Rion.

Se había preparado para enfrentarse a un ENEMIGO y, en cambio, ¡tenía delante a un joven arrodillado que le pedía, a él precisamente, que lo nombrase caballero!

Conmovido, Rion se quitó el yelmo y sonrió al rey Leodagán, que estaba junto a él.

—Démonos la mano, amigo mío, y perdona mi ATAQUE a tu castillo. ¡Éste no es momento de batallas, sino de paz! ¡Tenemos que HONRAR a Arturo, porque ha demostrado que merece ser rey de Bretaña! ¡Nunca he visto a un chico más VALIENTE que él, ni más SABIO!

Y así, sujetando juntos la espada de Arturo, el rey Leodagán y el rey Rion pronunciaron la fórmula ritual y lo nombraron caballero. Luego, lo ayudaron a ponerse en pie y se arrodillaron ante él para jurarle FIDELIDAD como nuevo rey de Bretaña.

Todos los caballeros gritaron de JÚBILO, porque los combates habían cesado. Los caballeros de Arturo bajaron al galope hasta el campo de batalla, haciendo ondear coloridas banderas.

Después, el rey Leodagán sonrió e invitó a sus nuevos amigos a entrar en el castillo.

—¡Organizaré una gran FIESTA, la más bonita que se recuerde! ¡Todos podrán comer y beber y disfrutar! Porque he encontrado a un nuevo amigo y a un nuevo rey. ¡Por primera vez después de muchos siglos, Bretaña es por fin un reino **UNIDO**!

Leodagán cumplió su palabra y esa noche, en el castillo de Carmelida, se celebró una gran fiesta.

Mientras Arturo comía alegremente junto a Merlín, vio a una jovencísima *doncella*. Llevaba un vestido *elegante* y el cabello rubio le enmarcaba el luminoso rostro. Pero lo que de verdad impresionó a Arturo fueron los **OJOS** de la chica, grandísimos y verdes. Le preguntó a Merlín:

—¿Cómo se llama?

El mago se rió bajo su larga barba.

—¿Hablas de Ginebra? Es la hija del rey Leodagán. Una muchacha muy *hermosa*, de gran *inteligencia* y con un **corazón** de oro.

Arturo miró al mago con seriedad.

—¿Sabes qué, Merlín? —le susurró—. Cuando tenga edad, ¡le pediré que se **CASE** conmigo!

¡Quién es?
¡Ginebra!

¡Camelot!

Al día siguiente, después de despedirse de Rion y Leodagán, Arturo partió con sus CABALLEROS para volver a Londres. Merlín TROTABA junto al rey en su caballo blanco, con la capucha bien echada sobre los ojos.

Arturo cabalgaba en SILENCIO, con la mente ocupada por mil pensamientos. Ya era un verdadero rey y sobre sus hombros recaía la responsabilidad de su pueblo. ¡Cuántas decisiones **IMPORTANTES** lo aguardaban!

Siguiendo un camino tortuoso y lleno de PIEDRAS, los caballeros atravesaron un extenso **BOSQUE**, más allá del cual se abría un amplio valle. Arturo tiró de las riendas de su caballo y dio a sus hombres la orden de detenerse. Nunca había visto un valle tan bonito: las montañas arboladas lo cerraban por todos lados y el sol lo hacía RESPLANDECER como una esmeralda. Por un lado corría un río tranquilo, que bajaba de las montañas en una majestuosa CASCADA.

El joven Arturo quiso plantar las tiendas en aquel lugar que parecía encantado y pasar allí la noche. Sin embargo, al alba, cuando llegó el momento de reemprender el CAMINO, el rey dudó.

—¿Ocurre algo, Arturo? —le preguntó sir Keu, que se había convertido en su compañero de más confianza.

—Este lugar me ha HECHIZADO... —dijo el rey con una sonrisa—. ¡Transmite tal sensación de paz y serenidad!

—Tienes razón —reconoció Keu—. También a mí me disgusta tener que irnos.

Arturo se volvió hacia Merlín quien, como siempre, lo seguía para protegerlo y aconsejarle.

—¡Lo he decidido! En este lugar haré construir un gran palacio REAL, con amplios caminos para llegar a él, ¡así, todo el que necesite ayuda podrá encontrarme FÁCILMENTE! ¡Y todo el que quiera visitarme será BIENVENIDO!

Entonces, Merlín desmontó y levantó su BASTÓN mágico, mientras murmuraba palabras misteriosas. Se oyó un trueno y luego hubo un temblor como el de un TERREMOTO.

Los caballos relincharon asustados. Por un momento, cesó de oírse el fragor del agua de la cascada y el sol fue tapado por una gran nube inesperada.

Arturo cerró los ojos un instante. Cuando volvió a abrirlos, ante él había aparecido un GIGANTESCO castillo, con muros de piedra blanca y torres en las que ondeaban ESTANDARTES de terciopelo rojo con el símbolo del dragón bordado en oro.

—¡Esto es Camelot! —exclamó Merlín, apoyándose en el bastón para recuperarse del esfuerzo del encantamiento—. ¡Es mi REGALO para ti!

¡Es estupendo!
¡Esto es Camelot!

La Mesa Redonda

Arturo y sus caballeros entraron incrédulos en el nuevo castillo. Había grandes patios en los que crecían ÁRBOLES y plantas con FLORES, magníficos salones iluminados por el sol, alcobas *principescas* y un gran establo para los caballos. Pero lo más asombroso era una estancia ocupada por una enorme mesa REDONDA con numerosos asientos. En cada uno estaba escrito, en LETRAS DORADAS, el nombre de un caballero.

—¡Mira, aquí hay un asiento con mi nombre! —exclamó sir Keu, orgulloso—. ¡Y ahí hay otro para nuestro padre, sir Antor!

Arturo asintió, pensativo. Muchos de los nombres escritos en las sillas que rodeaban la Mesa Redonda le eran DESCONOCIDOS: sir Galván, sir Perceval, sir Tristán...

A su derecha, es decir, en el sitio más importante, había otro asiento con el nombre SIR LANZAROTE DEL LAGO.

—¿Conoces a esta gente, Keu? —le preguntó a su fiel compañero, que negó con la cabeza.

Arturo buscó a Merlín para pedirle a él alguna explicación, pero se dio cuenta de que el mago se había ESFUMADO. No había de qué extrañarse, Merlín actuaba siempre de modo misterioso. Así que el joven rey se sentó a la Mesa Redonda, RESPIRÓ profundamente y declaró:

¡Es magnífica!

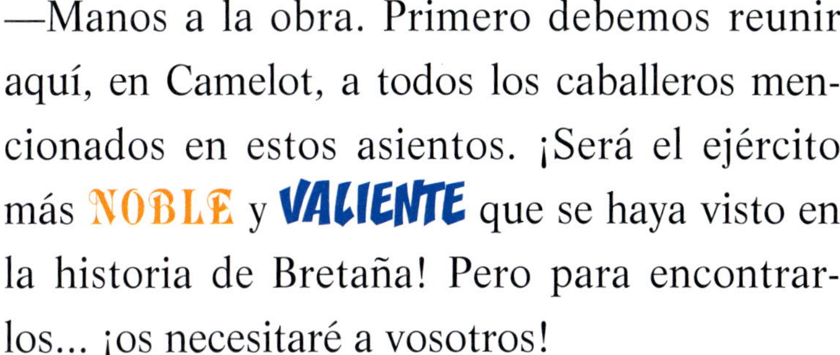

—Manos a la obra. Primero debemos reunir aquí, en Camelot, a todos los caballeros mencionados en estos asientos. ¡Será el ejército más NOBLE y VALIENTE que se haya visto en la historia de Bretaña! Pero para encontrarlos... ¡os necesitaré a vosotros!

Todos los caballeros que estaban ya con Arturo desenvainaron la espada y gritaron:

—¡Viva el rey Arturo! ¡Vivan los caballeros de la Mesa Redonda!

Luego se apresuraron a PARTIR para buscar a los nuevos compañeros que tenían que ocupar un sitio en la mesa del rey.

Arturo se quedó en el castillo con su hermano Keu y entre los dos empezaron a organizar el gobierno del REINO.

No faltaban asuntos que arreglar y tampoco LEYES que hacer respetar.

Por fin, los caballeros que Arturo había enviado a recorrer el mundo empezaron a regresar acompañados de otros valerosos GUERREROS, aquellos cuyos nombres estaban escritos en los asientos de la Mesa Redonda.

Los primeros en llegar a la corte fueron cuatro hermanos montados en caballos negros como la noche. El mayor, que era alto y VIGOROSO como un roble, se llamaba sir Galván. Con él venían sir Agravain y sir Gueheriet, junto con un joven que no llevaba armadura, sino simples ropas de pinche de COCINA.

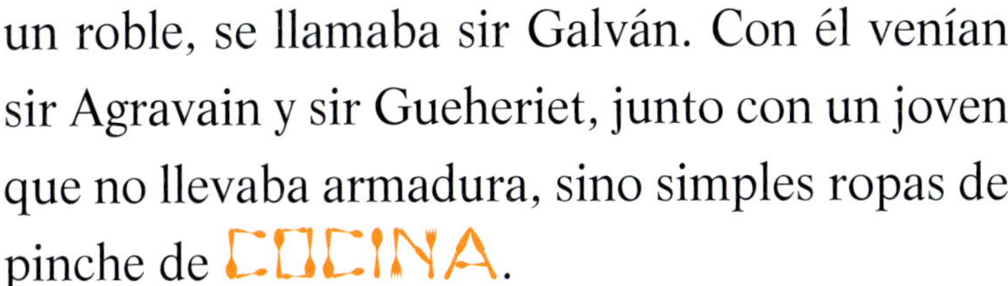

Al principio, Arturo y sir Keu lo tomaron por un sirviente, pero el chico se arrodilló ante ellos y dijo ser sir Guerrehet, llamado el Puro, que prefería ganar los combates mediante la ASTUCIA en vez de con la **FUERZA**.

Arturo, contento con la llegada de nuevos caballeros, apreció en seguida esta cualidad de Guerrehet.

El gran juramento

En los días siguientes, Camelot se enriqueció con la llegada de muchos caballeros. Sir Boores, rey de la Galia, llegó con toda su corte desde la otra orilla del MAR, tras un larguísimo viaje.

Lo acompañaba sir Lionel, su hijo, un jovencito muy HÁBIL con el arco y las flechas. Al día siguiente, un centinela avistó una nube de POLVO que se acercaba.

Intrigado, Arturo corrió para mirar desde la torre más alta del castillo y vio que la nube estaba formada por dos CABALLEROS que luchaban mientras galopaban a toda velocidad.

El primero era ALTO y ESBELTO, con el pelo oscuro y un físico ágil y nervioso; era sir Tristán de Leonís.

El segundo, en cambio, iba tocado con un alto turbante y tenía una curiosa BARBA en punta. Venía de tierras lejanas y su nombre era sir Palamedes, llamado el Sarraceno.

Él y sir Tristán eran amigos desde hacía muchos años, pero todavía no habían averiguado cuál de los dos era más fuerte, por eso se RETABAN continuamente... ¡incluso mientras viajaban!

Pero en cuanto llegaron al castillo de Arturo, se dieron la mano y se sentaron juntos a su mesa.

Luego llegó a Camelot el rey Pelinor, llamado el

CAZADRAGONES. Y después el rey Urién, excelente MÚSICO que, además de la espada, siempre llevaba consigo una larga flauta de plata. Por último llegó sir Perceval, un caballero muy joven, valeroso e *inteligente*. Entonces el rey Arturo llamó a sus nuevos caballeros y proclamó:

—Es el momento de hacer un juramento solemne. ¡El **JURAMENTO** de fidelidad a la Mesa Redonda!

Todos ellos se arrodillaron en el helado **SUELO** de mármol, junto con Arturo. Éste sacó la espada y, sosteniéndola con una mano, dijo:

—**JURO** respetar las tres leyes de Camelot: ¡nobleza de espíritu, valor y honradez!

—**¡LO JURAMOS!** —gritaron todos los caballeros.

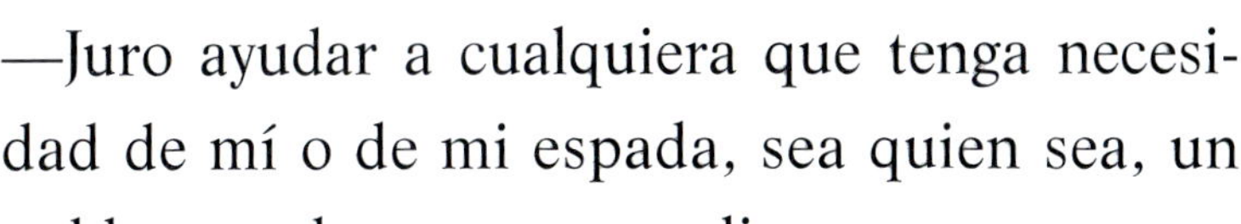

—Juro ayudar a cualquiera que tenga necesidad de mí o de mi espada, sea quien sea, un noble, una dama o un mendigo.

—**¡LO JURAMOS!**

—Juro que buscaré siempre una solución pacífica a todos los problemas, porque la paz es la verdadera fuerza de un caballero.

Entonces, todos se pusieron en pie y una única voz se alzó solemnemente en la estancia:

—**¡LO JURAMOS!** ¡Viva el rey Arturo!

Pasaron los meses. Se construyeron amplios caminos para comunicar el castillo de Arturo con cada rincón del reino y los campesinos se trasladaron al valle donde se encontraba Camelot para cultivar aquellas *FÉRTILES* tierras. Todos sabían que, en caso de necesidad, el rey Arturo los escucharía y sus caballeros intervendrían para socorrerlos.

¡Lo juramos!
¡Lo juramos!

¡Lo juramos!
¡Lo juramos!

Con el paso del tiempo, Arturo se convirtió en un hombre **FUERTE** y AMABLE, dispuesto siempre a echar una mano a quien lo necesitara. Pero había algo que seguía sorprendiéndolo: para entonces, los asientos de la Mesa Redonda estaban todos ocupados, menos el más **IMPORTANTE**, el de su derecha, en el que estaba escrito «Sir Lanzarote del Lago», que permanecía aún VACÍO.

EL CABALLERO MISTERIOSO

Un día, mientras Arturo se ocupaba de **DESPACHAR** los asuntos del reino, se presentó ante él el rey Pelinor, uno de los soberanos que le habían jurado fidelidad y que habían puesto su espada al servicio de Camelot. Era un caballero **FUERTE** y **CORPULENTO** y Arturo lo consideraba uno de los mejores que tenía a su lado. Por eso, cuando vio que venía **DESPEINADO** y con la armadura **ABOLLADA**, le preguntó qué le había ocurrido. Pelinor le contó que, cuando cazaba en el bosque, había llegado hasta un puente donde lo es-

peraba un caballero **MISTERIOSO**, sin emblemas en el escudo. Pelinor le había pedido que le cediera el paso, pero ¡el caballero se había negado y lo había retado a **DUELO**!

Arturo no daba crédito a lo que oía.

—¿Cómo puede haberte **BATIDO** un caballero sin nombre, a ti, que eres uno de nuestros guerreros más fuertes? ¿Te ha dicho cómo se llama?

Pelinor negó con la cabeza.

—¡Ha dicho que sólo le revelará su nombre al caballero que demuestre ser tan VALEROSO como para batirlo en combate singular!

Arturo se levantó entonces del trono y blandió la espada de Uter.

¡Lo venceré!

—¡Yo EMPUÑO la espada de mi padre, que no puede ser vencida! —exclamó con orgullo—. ¡Veamos si ese caballero sin nombre es capaz de DERROTARME a mí también!

Acompañado por Pelinor, sir Keu y otros valientes caballeros, Arturo partió al GALOPE hasta llegar al puente donde su amigo había sido derrotado. Una vez allí, vio la escena descrita por

Pelinor: el río ESPUMEABA entre las piedras brillantes, atravesado por un pequeño puente de MADERA sobre el que se erguía, quieto, un caballero con la espada desenvainada. Arturo se acercó al desconocido, desmontó y le preguntó:

—¿Cuál es tu NOMBRE, caballero?

—Eso es un secreto que sólo le puedo revelar a quien me derrote en duelo.

Arturo avanzó.

—Entonces, déjanos pasar a la otra orilla.

El caballero misterioso SONRIÓ y añadió con voz segura:

—Eso también se lo concederé sólo al que sea capaz de derrotarme.

Arturo desenvainó la espada, cuya hoja brillaba a la luz del sol como una estrella.

—¡Ten CUIDADO, amigo mío! —exclamó—. ¡Ésta es la espada de la roca y quien la empuña no puede perder!

—¡Eso lo veremos! —contestó el caballero sin nombre.

Arturo y él empezaron a LUCHAR.

La espada rota

Con los años, Arturo se había convertido en un espadachín muy HÁBIL. Era fuerte y ágil y conocía todos los trucos de la esgrima, pero el caballero misterioso era tan BUENO como él.

Por muchos ataques que ideara Arturo, el caballero siempre lograba parar la estocada en el último momento y contraatacaba con .

Los dos combatían desde hacía muchísimas horas, el sol estaba a punto de PONERSE en el valle de Camelot, pero el combate aún no tenía vencedor.

En determinado momento, Arturo recurrió a un golpe dificilísimo, GIRANDO sobre sí mismo para imprimir mayor fuerza a la espada.

El caballero hizo una parada perfecta empleando el mismo MOVIMIENTO. Desequilibrados, ambos cayeron del puente y terminaron en el río que gorgoteaba debajo de ellos.

—¡ERES BUENO! —comentó el caballero misterioso, levantándose y volviendo a luchar, con el agua hasta las rodillas.

—Entonces dime tu NOMBRE —lo desafió Arturo.

—Eso nunca, antes tendrás que derrotarme.

Aunque ambos estaban muy agotados, siguieron LUCHANDO en medio del río.

Al final, Arturo agarró la espada con las dos manos y le dijo:

—Si de verdad eres una espada encantada, es el momento de demostrarlo. Porque, aunque lo estoy dando TODO, no creo que pueda derrotar a este caballero sólo con mis fuerzas.

Su deseo fue escuchado: uno de los últimos RAYOS de sol cayó sobre la hoja de la espada, que se coloreó de rojo como si se hubiera convertido en FUEGO.

Después, Arturo golpeó al caballero sin nombre con gran ímpetu. Esta vez, su adversario no consiguió parar el ataque, se cayó sobre una roca que afloraba y perdió su arma.

La espada de Arturo se abatió entonces sobre su armadura ¡y se **PARTIÓ** en dos!

La parte desprendida de la hoja voló por los aires y se hundió en la corriente. También Arturo, agotado, terminó en el agua. Dijo JADEANDO:

—Así pues, te he vencido, caballero.

El otro asintió.

—Mereces saberlo todo. Mi nombre es Lanzarote, sir Lanzarote del Lago. Llevo años VAGANDO por toda Bretaña en busca de un caballero capaz de superar mi fuerza. ¡Y ahora lo he encontrado!

Lanzarote le tendió la mano a Arturo.

—Ahora dime tu nombre, porque ¡quiero DARTE LAS GRACIAS! —dijo solemnemente.

Arturo estaba contentísimo de haber encontrado por fin al último caballero de la Mesa Redonda. Así que exclamó:

—Soy ARTURO, señor de Camelot y rey de Bretaña. Te invito a unirte a mis caballeros, ¡son los más valerosos y osados de todo el reino!

Lanzarote se arrodilló y le juró FIDELIDAD eterna y aceptó de buen grado formar parte de la Mesa Redonda.

Pero cuando Arturo se levantó para volver al puente, recordó lo sucedido durante el duelo: la espada de la **ROCA**, la espada de su **PADRE** Uter Pandragón, se había roto para siempre. ¿Qué podía hacer ahora? ¡Un rey necesita una espada!

Una nueva misión

Arturo estaba muy *contento* de haber encontrado por fin a Lanzarote, pero ¡ahora debía resolver el problema de su **ESPADA**! Junto con sus caballeros, volvió al castillo de Camelot después del atardecer.

El rey no quiso cenar y se retiró a la gran biblioteca del castillo en busca de una solución. Una vez más, el destino le sonrió. En efecto, Merlín había vuelto a Camelot acompañado por una preciosa *dama* que llevaba un vestido violeta y un colgante de oro al cuello.

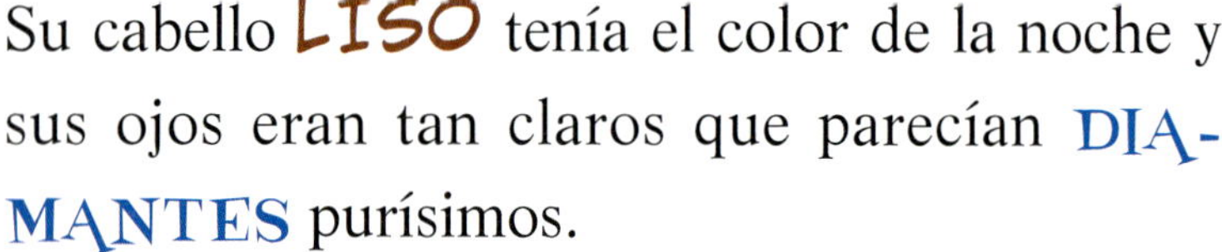

Su cabello LISO tenía el color de la noche y sus ojos eran tan claros que parecían DIAMANTES purísimos.

—Ella es Morgana —explicó Merlín—. No puedes acordarte de ella, pues eras demasiado pequeño cuando Ygerne y Uter me la confiaron... La he criado como a una hija y le he enseñado los secretos de la MAGIA. Ahora se ha convertido en una poderosa hada y vivirá en Camelot para aconsejarte cuando yo esté ocupado en otro sitio.

Arturo se alegró; sabía que Merlín siempre estaba de viaje de un sitio a otro de Bretaña para ayudar a los DÉBILES.

Morgana se inclinó ante él con una extraña luz en los ojos y le dijo:

—Has crecido mucho desde la última vez que nos vimos, Arturo.

—Recibe mi bienvenida, hada Morgana. ¡Te acojo en este castillo como a una AMIGA y a una HERMANA!

La llegada de Merlín a Camelot no podía haberse producido en mejor momento. Arturo le habló de su combate con Lanzarote y de la espada ROTA.

El mago asintió, pensativo.

—La espada de Uter no podía perder ningún combate. Pero para derrotar al caballero más fuerte y valiente de Bretaña, el arrojado Lanzarote, ha tenido que CONSUMIR toda su magia. Es el momento de encontrarte una nueva arma.

En ese momento, Morgana tomó la palabra para revelarle a Arturo que existía otra espada mágica, mucho más PODEROSA que la de

Uter. Se llamaba Excalibur y había sido forjada por las hadas del reino encantado de Avalón. Arturo se sintió renacer en el acto. ¡EXCALIBUR debía ser suya! Así que, Merlín, Morgana y él partieron a toda prisa de Camelot a lomos de sus corceles.

VIAJARON sin descanso hasta que Merlín, de repente, detuvo su caballo y le dijo a Arturo:

—A partir de aquí, seguirás solo y a pie. Llegarás a la orilla de un espléndido lago, donde debes arrodillarte y pedirle a la Dama del Lago que te dé Excalibur.

¡Excalibur!

Como Merlín le había dicho, después de caminar largo rato solo, ante el joven apareció de repente la orilla de un gran LAGO de color esmeralda. El agua estaba en calma y el sol resplandecía sobre la superficie, volviéndola cegadora.

Arturo se arrodilló en la orilla cubierta de MULLIDA hierba y llamó a voces:

—¡Dama del Lago! ¡Soy el rey Arturo de Camelot!

Entonces ocurrió el prodigio: ante él, las aguas del lago se ABRIERON y entre las ondas espu-

¡Una dama!
¡Socorro, Arturo!

meantes asomó el brazo de una dama. La piel de la mano era de una blancura perfecta y la manga de un rico atuendo de encaje le adornaba la muñeca. Una voz de mujer llamó con urgencia:

—¡ARTURO! ¡ARTURO! ¡ARTURO!

El rey supuso que la Dama del Lago necesitaba su ayuda, así que no se lo pensó dos veces y se zambulló, pese a llevar la pesada armadura. En vez de hundirse, Arturo vio que el agua lo sostenía. Las ondas lo devolvieron a la orilla y salió del lago EMPAPADO de la cabeza a los pies y con los cabellos enmarañados como si fueran lianas.

—Muy bien —dijo la voz de la Dama del Lago—. Has creído que estaba en apuros y has corrido en mi ayuda sin pensar en los PELIGROS. Es lo que debe hacer un verdadero caballero. Ahora, dime, rey Arturo, ¿a qué has venido?

Él se lo contó todo: que había roto la espada de su padre y necesitaba una nueva ARMA. Cuando terminó de hablar, la mano que asomaba del centro del lago se cerró y la dama exclamó:

—Excalibur es una espada ESPECIAL. Fue forjada en Avalón, el reino de las hadas, y ha sido entregada a los hombres para proporcionarles la PAZ. Quien empuña Excalibur es invencible

en la **BATALLA** y la vaina de la espada protege de cualquier **HERIDA**. ¿Crees ser digno de ella?

Arturo reflexionó detenidamente y luego dijo:

—No pido Excalibur para mí, Dama del Lago, sino para mi REINO. Y creo que Bretaña es digna de ser protegida por una arma tan **PODEROSA**.

—Entonces será tuya —le dijo la dama—. Pero antes de poseer Excalibur, deberás hacer una promesa solemne.

Arturo escuchó lo que ella le pedía y aceptó, guardando la promesa como un **secreto**.

La delicada mano se hundió de nuevo en el agua y cuando salió sostenía una espada. Era el arma más *bella* que Arturo había visto nunca: equilibrada, ligera, decorada

con ricos adornos, su hoja brillaba a la luz del día como un rayo de sol.

El brazo de la Dama del Lago lanzó Excalibur hacia la orilla y Arturo la agarró al vuelo.

La movió de un lado a otro, ASOMBRÁNDOSE de lo bien que se adaptaba a él. Luego se arrodilló ante la orilla y murmuró con orgullo:

—Gracias por el obsequio que me has hecho, Dama del Lago. ¡Honraré EXCALIBUR con todas mis fuerzas!

La copa de la abundancia

De vuelta a Camelot, Arturo pidió a los cocineros que prepararan un banquete para AGRADECERLES a Merlín y Morgana que lo hubieran ayudado a encontrar Excalibur. Sir Antor, que era un auténtico *gourmet*, había llamado a los mejores COCINEROS del reino. Ese día sirvieron los más exquisitos manjares y, a mitad de la comida, Arturo alzó su copa para hacer un **BRINDIS** solemnc:

—¡Ahora el reino está por fin unido y tengo en mi costado la espada más poderosa del mundo! ¡Y todo gracias a mi sabio amigo Merlín!

¡Brindemos!
¡Viva!

¡Festejémoslo!
¡Bailemos!

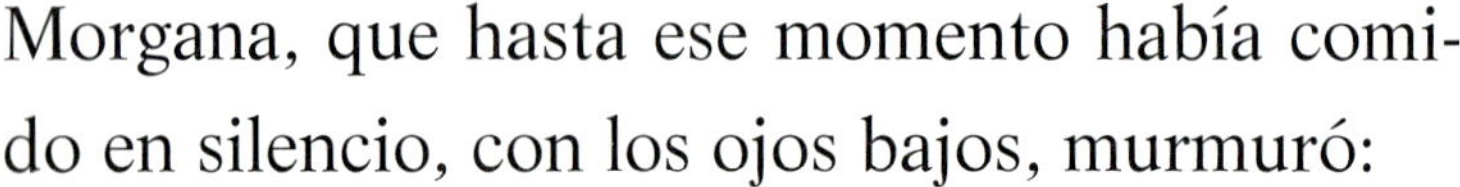

Morgana, que hasta ese momento había comido en silencio, con los ojos bajos, murmuró:

—En realidad, para traer de verdad la paz a Bretaña, FALTA todavía una cosa...

Arturo y los demás caballeros sintieron curiosidad y le pidieron que se explicara. Entonces, ella CONTÓ que en las tierras del Norte vivía un viejo rey. Su castillo se encontraba a orillas del mar, en lo alto de un acantilado. El rey pasaba sus días pescando, por eso todos lo conocían como el Rey Pescador.

El Rey Pescador guardaba en su castillo una copa mágica llamada Grial. Gracias a esa copa prodigiosa, las aguas de delante del castillo siempre estaban llenas de PECES y los campos eran fértiles y daban muchos FRUTOS.

Tras escuchar aquella narración, Arturo se quedó pensativo.

—Si esa COPA tiene tanto poder, el Rey Pescador nunca accederá a dárnosla.

Morgana lo miró ASTUTA.

—Manda a tus caballeros a su castillo, lograrán convencerlo para que ceda el Grial.

Así pues, Arturo lanzó el reto a sus valientes y tres caballeros se prestaron en seguida voluntarios: sir Lanzarote, sir Galván y sir Perceval. Sir Galván era, en términos absolutos, el caballero más fuerte de todos: sus brazos eran tan GRANDES como troncos de árboles y podía levantar él solo un carro de bueyes.

Cuando era niño, un mago le había hecho un ENCANTAMIENTO por el cual su fuerza crecía conforme avanzaba la jornada, y a mediodía Galván podía DERRIBAR una pared de un puñetazo.

Sir Perceval era el más joven de los caballeros de la Mesa Redonda; esbelto y ágil, nadie lo ganaba en VELOCIDAD. Era también un hábil espadachín y tenía un corazón valeroso y amable. Todos los miembros de la corte le tenían aprecio.

Arturo sonrió a sus tres paladines y les deseó buena suerte en su misión.

Pero antes de que partieran, Merlín se acercó a los tres caballeros con aire MISTERIOSO...

EL VIAJE DE LOS CABALLEROS

Merlín tenía una expresión inescrutable. Llevó aparte a los caballeros, ya preparados para el viaje, y les dijo:

—Recordad que en esta **MISIÓN** sois embajadores del rey Arturo y de Camelot. Por eso os ruego que seáis siempre corteses y amables con **TODOS**... ¡incluido el Rey Pescador, evidentemente!

Los tres caballeros sabían que la *amabilidad* era un deber de todo caballero, así que le prometieron a Merlín que recordarían sus palabras y a continuación emprendieron el **VIAJE**.

El Rey Pescador vivía en el castillo de Monsalvat, en una tierra lejana y poco conocida.

El trayecto fue largo y lleno de DIFICULTADES: los caballeros tuvieron que subir altísimas montañas, bajar al fondo de profundos barrancos y vadear ríos impetuosos. Tras muchos días a caballo, empezaban a estar CANSADOS, pero ¡no era propio de ellos dejarse desanimar!

Una tarde llegaron a la linde de un extenso BOSQUE; según las indicaciones, más allá de los árboles se encontraba el castillo del Rey Pescador.

Sir Lanzarote observó que el bosque era demasiado espeso para cruzarlo a caballo y propuso a sus amigos que dejaran allí sus corceles.

—Está atardeciendo, pero si nos damos prisa, estaremos en el castillo antes de la NOCHE.

Galván aprobó con entusiasmo la propuesta, pero sir Perceval no estaba convencido.

—El cielo está muy NUBLADO y dentro de poco se desencadenará una tormenta. Además, no hay senderos que atraviesen el bosque... Quizá sería mejor acampar aquí y esperar a mañana.

Galván y Lanzarote le tomaron el pelo afablemente, ¡la LLUVIA no podía asustar de ninguna manera a unos osados caballeros! Así que sir Perceval, para demostrarles a sus amigos que era valiente y le sobraba CORAJE, dejó su caballo y se adentró el primero en el bosque.

Éste estaba silencioso y oscuro, árboles altísimos ocultaban el cielo y por todas partes había ROCAS, arbustos espinosos y gruesas ramas que bloqueaban el camino.

Perceval se abrió paso entre la vegetación, volviéndose de vez en cuando para comprobar que Lanzarote y Galván lo SEGUÍAN. ¡Los árboles estaban tan apretados que se arriesga-

ban a perderse! De repente, se oyó el retumbar de un trueno, tan fuerte que hizo temblar la tierra, y empezó a llover. Era un verdadero AGUACERO, la lluvia torrencial se colaba entre las hojas y convertía el sotobosque en una laguna. En sólo unos instantes, sir Perceval estuvo CALADO hasta los huesos.

—¡Venga, rápido! —les gritó el caballero a sus amigos.

—¡Salgamos DE PRISA del bosque y busquemos cobijo!

¡Por aquí!

El banquete del rey

Sir Perceval echó a correr, saltando con agilidad los OBSTÁCULOS en su camino y abriéndose paso a espadazos. El caballero corrió y corrió y, cuando por fin salió del bosque, estaba EMPAPADO y al extremo de sus fuerzas. La tormenta había cesado y ya había caído la noche. Ante sir Perceval se alzaba una escarpada colina, en cuya CIMA se hallaba el castillo de Monsalvat. Era una edificación con altas torres y elegantes almenas y el viento traía hasta él sonido de MÚSICA, ¡debía de haber una fiesta!

El caballero se volvió hacia sus amigos.

—¡CASI HEMOS LLEGADO!

Pero detrás de él no había nadie. Sir Galván y sir Lanzarote debían de haberse PERDIDO durante la carrera por el bosque.

Perceval pensó que no debía preocuparse, sus amigos eran fuertes y valientes, pronto darían con el CAMINO a Monsalvat. Así pues, se encaminó a buen paso hacia el castillo y no tardó

en llegar a una cabaña de MADERA construida a la orilla de un espléndido lago.

Había oscurecido, pero la cabaña estaba iluminada y se veía a alguien sentado bajo el tejadillo, con un ATUENDO suntuoso, pescando en el lago con una larga caña. ¡Debía de ser el Rey Pescador!

Al acercarse, sir Perceval se percató de que aquel rey era muy JOVEN, mientras que Morgana había hablado de un monarca ya anciano. Con una sonrisa, el jovencito aclaró el misterio:

—El Rey Pescador es mi padre. Esta noche, en nuestro castillo hay un gran BANQUETE, pero yo prefiero los ambientes tranquilos y silenciosos, como el de este lago. De todos modos, ahora debo volver. ¿Quieres acompañarme, caballero?

Sir Perceval estaba tan CANSADO que los ojos se le cerraban y además tenía mucha hambre, así que aceptó con ALEGRÍA.

El castillo estaba caldeado e iluminado por decenas de velas y en el salón del banquete había una larga mesa en la que habían DISPUESTO platos exquisitos. A la cabecera de la mesa se sentaba un rey muy anciano, con grandes bigotes blancos y una pierna VENDADA que tenía apoyada en un escabel.

A Perceval le llamó en seguida la atención una COPA colocada justo delante del rey. Era un cáliz de oro puro, con diamantes, esmeraldas y rubíes engastados en todo su contorno.

De la copa emanaba una fuerte LUZ que alumbraba la estancia, como si alguien hubiese encerrado una ESTRELLA en su interior.

¡SIN DUDA ERA EL GRIAL!

Perceval se olvidó de saludar al viejo rey e inmediatamente empezó a comer en SILENCIO, sin apartar los ojos del precioso objeto. Al término de la cena, se acercó al príncipe que había encontrado junto al lago para pedirle una cama donde DORMIR, pero para su sorpresa, el chico se la negó.

—Lo siento —dijo—, pero debes irte ahora mismo del castillo. Si quieres, puedes cobijarte en mi CABAÑA del lago.

¡Excelente!

El Grial

En la cabaña, sir Perceval encontró un cómodo jergón, pero no consiguió dormirse. Todo aquello era muy RARO, ¿por qué el príncipe lo había echado del castillo después de ofrecerle una cena tan **deliciosa**? Entonces se acordó de las palabras de Merlín y la promesa de ser

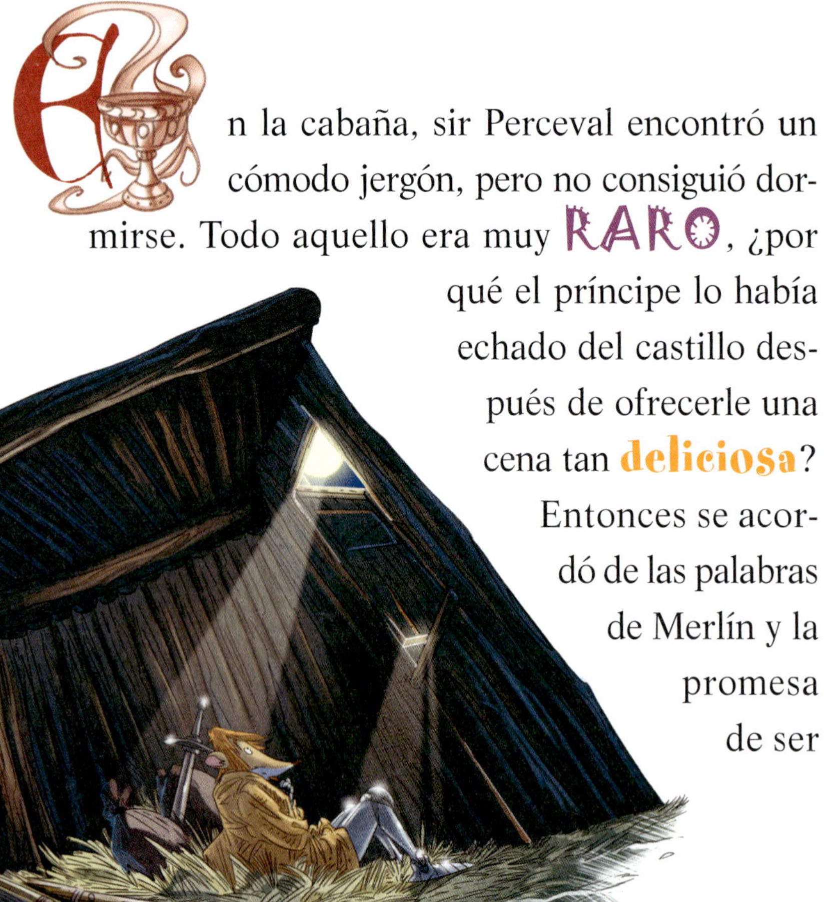

siempre AMABLE con todos. En el banquete, sir Perceval estaba tan cansado y hambriento, y tan contento por haber encontrado el Grial, que no había SALUDADO al anciano rey, ¡ni siquiera le había preguntado qué tal estaba! Decidió que le pondría remedio en seguida.

Al día siguiente, nada más despertarse, LLAMÓ a la puerta del castillo y, una vez más, el joven príncipe lo recibió con amabilidad.

—Tienes que perdonarme —exclamó Perceval—, ayer fui un MALEDUCADO contigo y con tu padre. Te ruego que me lleves ante él, así podré presentarle mis RESPETOS y remediar mi error.

El joven accedió de buena gana y acompañó a Perceval al dormitorio de su padre.

El viejo estaba tumbado en una cama llena de blandos ALMOHADONES, con la pierna

vendada asomando de debajo de las mantas. En una mesita de madera preciosa se encontraba la copa del Grial, que iluminaba la habitación como un pequeño SOL. Esta vez, sin embargo, Perceval no se fijó en ella y puso una rodilla en tierra:

—Majestad, os ruego que me perdonéis por no haberos saludado ayer, fui un GROSERO. Soy sir Perceval y os traigo los saludos del rey Arturo de Camelot. ¿Cómo estáis? ¿Acaso os habéis HERIDO?

Al anciano rey se le iluminó la cara de felicidad:

—Gracias por tu gentileza, caballero. Tus corteses palabras me CALIENTAN el corazón, tanto, ¡que siento menos dolor en la pierna! Pero dime, ¿cómo es que has venido hasta aquí desde tan lejos?

Sir Perceval le explicó que había ido a pedirle la copa de la abundancia para garantizar la pros-

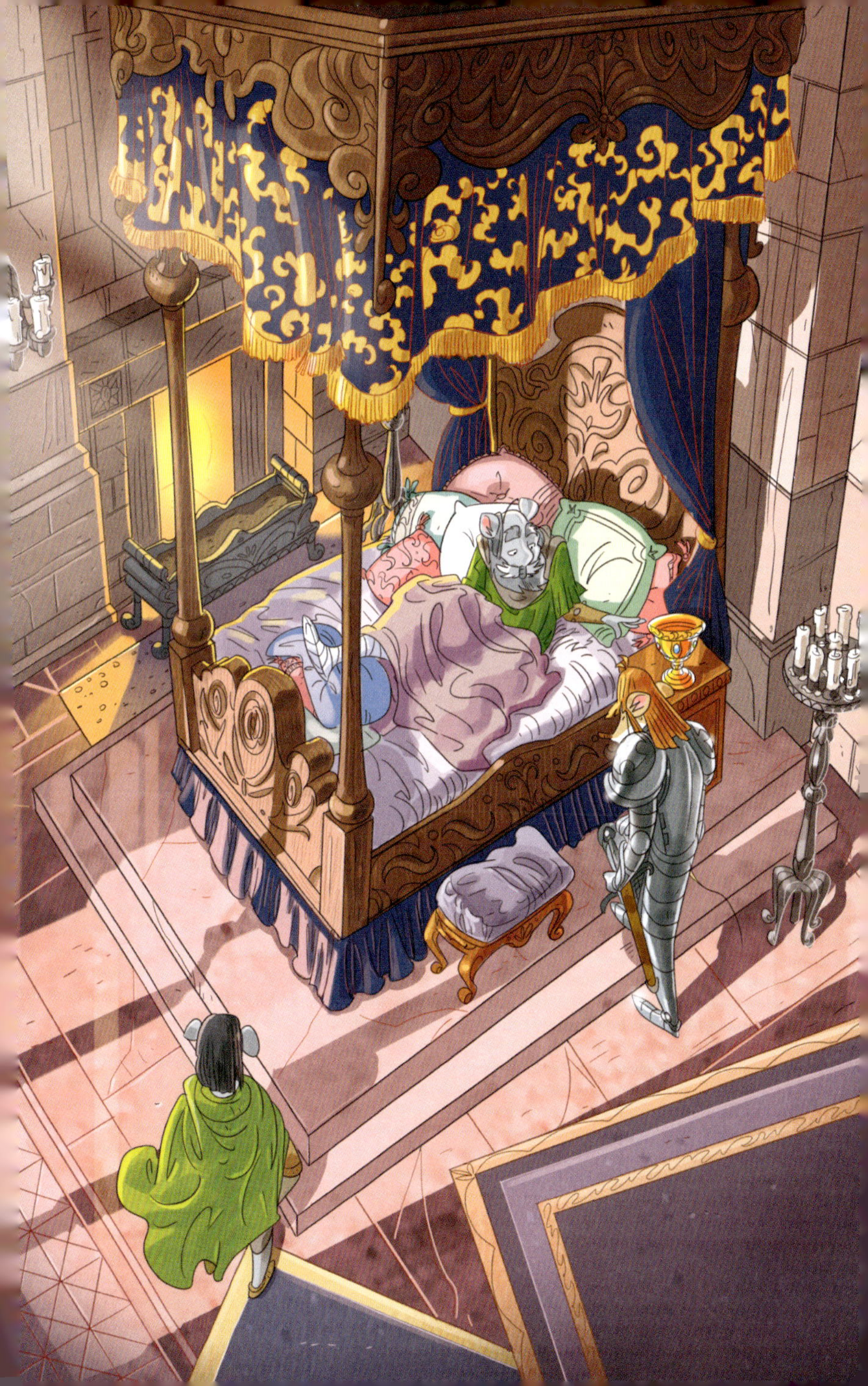

peridad de toda Bretaña. El anciano rey se lo pensó unos instantes, pero después levantó la COPA de la mesilla en que estaba.

—Hoy has demostrado que tienes un corazón bueno y AMABLE —le dijo—, por eso te entrego a ti, sir Perceval, la copa del Grial: llévasela a Arturo como OBSEQUIO de mi parte.

Sir Perceval le dio las gracias al rey de todo corazón y se marchó contento del castillo. En ese momento, Lanzarote y Galván SUBÍAN la colina que conducía a Monsalvat; se habían perdido en el bosque y habían acampado allí para pasar la noche, renunciando a proseguir el camino. Cuando vieron que Perceval tenía consigo la copa de la abundancia, lo felicitaron y decidieron emprender en seguida el viaje de REGRESO.

A la luz del día no les fue difícil atravesar el bosque y, cuando los tres amigos llegaron hasta sus caballos, sir Perceval **SUJETÓ** a su silla la bolsa de terciopelo en la que había guardado la copa. Ahora, en cada punto donde su caballo tocaba la hierba con los cascos, nacían **FLORES**. Los tres caballeros viajaban dejando a su espalda una estela de primavera y todos los campesinos con quienes se encontraban por el camino los saludaban y les daban las gracias.

UNA ESPOSA PARA EL REY ARTURO

Cuando por fin Perceval, Galván y Lanzarote tuvieron a la vista Camelot, encontraron a una multitud esperándolos. La estela PRIMAVERAL que iban dejando era visible desde muy lejos y los guardias de los torreones del castillo habían anunciado ya a todos la buena NOTICIA.

A las puertas de Camelot estaba el rey Arturo con Merlín y el hada Morgana.

Sir Perceval desmontó y le entregó al rey la copa mágica, mientras el gentío contenía la respiración, maravillados. Luego, Galván y Lanzarote

le contaron a Arturo sus **AVENTURAS** y lo valiente que había sido Perceval.

—Muy bien —dijo el rey alzando el Grial como si fuese un espléndido **TROFEO**—. Para honrar vuestra empresa, declaro un mes entero de **FIESTAS** en todo el reino.

Los cocineros se pusieron en seguida manos a la obra, los caballeros organizaron una justa para divertir al pueblo con sus proezas y un ejército de mensajeros partió al galope de Camelot para invitar a la fiesta a todos los REYES y NOBLES de Bretaña.

Los días siguientes acudieron al castillo muchísimas personas. Entre ellas estaba el viejo amigo de Arturo, el rey Leodagán, acompañado por el rey Rion; los dos nobles caballeros se habían vuelto *inseparables*.

Pero lo que más emocionó a Arturo fue la presencia de la princesa Ginebra, a la que no veía desde hacía años. La muchachita de antaño se había convertido en una mujer EXTRAORDINARIA. Sus ojos seguían siendo grandes y amables, su pelo precioso, y su sonrisa espléndida.

Arturo se acercó con cierta timidez a la dama y la invitó a PASEAR con él por los jardines de Camelot.

¡Viva!
¡Bienvenidos!

Para su gran y agradable sorpresa, Ginebra aceptó con ENTUSIASMO.

Caminando con ella a la sombra de los maravillosos árboles del parque, Arturo descubrió que la joven no sólo era *guapísima*, sino también muy *inteligente*. Le encantaba leer y en su castillo tenía una biblioteca mejor provista que la de Camelot. Ginebra sabía tocar muchos instrumentos musicales, era una apasionada de la **naturaleza** y conocía muchísimas plantas y hierbas curativas. Era asimismo una hábil amazona, además de **INGENIOSA** y **VALIENTE**.

¿Quieres ser mi esposa?

En suma, Arturo se enamoró perdidamente, hasta el punto de que,

sin esperar ni un instante más, le pidió que se convirtiera en su mujer.

Ginebra sonrió y le cogió la mano y, cuando volvieron juntos al castillo, Arturo anunció que la fiesta del Grial sería también la celebración de su *boda*: Ginebra y él querían contraer matrimonio antes del anochecer.

La ceremonia fue muy alegre y jubilosa y en el gran banquete todos brindaron por el rey y la reina. Solamente hacia el final de la velada, Arturo se percató de que en su mesa faltaba alguien, el hada Morgana.

—¿Sabes dónde está, Merlín? —preguntó.

El mago no respondió, pero adoptó una expresión **SERIA**.

Arturo no se dio cuenta, porque en aquel momento en su corazón no había lugar para nada que no fuera la felicidad.

Arturo y Ginebra eran muy felices y todo el reino vivió largos años de dicha. Gracias al Grial, las tierras de Bretaña siempre estaban cargadas de frutos. Excalibur y los caballeros de la Mesa Redonda protegían aquel lugar feliz.

Al término de la fiesta de la boda, Merlín montó en su caballo para marcharse otra vez de Camelot; no se dejó ver en mucho, mucho tiempo... Pero Arturo y Ginebra sabían que el mago siempre tenía cometidos importantes y no se preocuparon.

¡Su vida juntos estaba empezando!

El dragón errante

Un día, llegaron a Camelot unos labradores. Llevaban la ropa SUCIA de barro y parecían agotados.

Pidieron permiso para hablar con Arturo y fueron conducidos inmediatamente al salón del trono, donde se arrodillaron ante el rey y le explicaron que a sus pueblos había llegado un gigantesco dragón al que todos llamaban DRAGÓN ERRANTE.

La enorme criatura destruía las cosechas y quemaba graneros y casas y la gente vivía muy ATERRORIZADA.

¡Fuegoooo!

¡Solamente los caballeros de la Mesa Redonda podían detener a aquel terrible dragón!

Sir Lanzarote y otros paladines se ofrecieron voluntarios para la MISIÓN. Ensillaron sus caballos y partieron al galope.

Sin embargo, cuando llegaron al pueblo vieron que era demasiado tarde: las casas estaban CALCINADAS y la gente se había reunido en la plaza sin saber qué hacer.

Lanzarote desmontó entonces, sacó de sus alforjas un saquito lleno de ORO y exclamó:

—Arturo os manda este dinero para que reconstruyáis vuestras casas. Si necesitáis ayuda siempre podéis contar con él. En cuanto al dragón, no os PREOCUPÉIS, nosotros, caballeros, estamos aquí para capturarlo.

El rey Arturo les había pedido que nadie hiciera daño a la **CRIATURA**, ya que después de todo, ¡también los dragones tienen derecho a vivir! Pero el rey estaba seguro de que sus caballeros lograrían **ATRAPARLO** y llevarlo a un lugar seguro, donde no quemara las casas de los pobres campesinos.

Después de **TRANQUILIZAR** a los habitantes del pueblo, Lanzarote habló con los otros caballeros. Decidieron seguir caminos distintos

para tener más posibilidades de encontrar al dragón antes de que sembrara más devastación. Sir Lanzarote se dirigió al este y, cuando empezó a ver rastros de hierba QUEMADA, supo que iba en la buena dirección. ¡La criatura errante no podía estar lejos!

Al atardecer, el caballero llegó a un pequeño huerto de frutales. Desmontó y se adentró sigilosamente entre los ÁRBOLES con la espada en la mano, atento al menor ruido.

En un momento dado, vio que en el centro del huerto YACÍA dormida una criatura. ¡Era el dragón errante! Por lo menos medía diez metros de largo y tenía el cuerpo recubierto de ESCAMAS. En ese momento estaba durmiendo y de su nariz salían vaharadas de HUMO. Lanzarote pensó en cómo capturar al animal sin hacerle daño y por fin ¡se le ocurrió una gran idea!

La llegada de sir Mordred

Lanzarote regresó hasta su montura y cogió una gran red de CUERDA. Luego la extendió con cuidado en el límite del huerto y la cubrió con hierba y hojas secas para que fuera totalmente INVISIBLE. Montó después en su corcel, volvió entre los árboles y desenvainó la espada. Su plan era sencillo: quería atraer al animal hacia la red, en la que quedaría ATRAPADO. Luego, lo cargaría en un carro y lo llevaría a lugar seguro. Lanzarote se acercó a la nariz de la enorme criatura dormida y le gritó:

—¡Despierta, dragón! ¡Soy Lanzarote y estoy aquí para desafiarte!

Los enormes **OJOS** se abrieron y de las narices del animal empezaron a salir espirales de humo **NEGRO** como la noche.

¡Estaba furioso!

El caballo de Lanzarote relinchó y se alzó sobre las patas posteriores, pero el caballero

lo retuvo con VALOR y lo lanzó al galope por el huerto, hacia la red.

A su espalda, el dragón se había erguido sobre sus gigantescas PATAS y lo perseguía, derribando todos los árboles a su paso. Lanzarote se disponía a hacer saltar la trampa cuando vio delante de él a un caballero. ¡Vestía una armadura dorada y llevaba un extrañísimo yelmo parecido a una MÁSCARA, por entre la cual le asomaban rizos de pelo!

Lanzarote le avisó:

—¡Quita del medio, que viene el DRAGÓN!

Pero el caballero misterioso no hizo caso. Sacó de su cinturón un extraño frasquito de cristal verde y lo levantó mientras

recitaba una fórmula mágica. Ya a pocos pasos de Lanzarote, el dragón rugió de RABIA ¡y luego sucedió algo increíble!

La bestia se transformó en humo y el humo entró en el frasquito del caballero, que lo tapó rápidamente.

—¡Hecho! —dijo el caballero de la armadura dorada—. ¡He conseguido derrotar al dragón errante yo solo!

Lanzarote bajó del caballo, FURIBUNDO. ¡Entre caballeros era un deshonor robarle a otro una gran hazaña! ¡Además, aquel desconocido había usado un ENCANTAMIENTO, algo muy poco caballeresco!

—¡Ese dragón era mi ADVERSARIO! —exclamó Lanzarote—. ¡No tenías ningún derecho a vencerlo en mi lugar!

El caballero misterioso se quitó el yelmo de oro. Era muy joven, poco más que un chaval. Tenía el pelo rubio y en su cara había una expresión de **DESAFÍO**.

—Mi nombre es sir Mordred —anunció—. ¡He venido para demostrarle al rey Arturo que soy el caballero más **FUERTE** del reino!

Lanzarote decidió desafiarlo a duelo, pero antes de que pudiese abrir la boca, el chico emitió un largo silbido con el que llamó a un gigantesco caballo negro. Sir Mordred saltó a la silla y partió al ***GALOPE*** hacia Camelot. Lanzarote no pudo hacer más que seguirlo.

¡Soy el más fuerte!
¡Grrrrr!

DESAFÍO A MORDRED

Nada más llegar a Camelot, Mordred fue en seguida al salón del trono y le entregó a Arturo la botellita mágica en la que estaba apresado el dragón errante.

—Soy sir Mordred —dijo—. ¡He derrotado al dragón que ATORMENTABA a los campesinos de tus pueblos y ahora quiero demostrar que soy el caballero más valiente de toda Bretaña!

Esas palabras IRRITARON a los caballeros de la Mesa Redonda. ¿Quién era aquel muchachito tan engreído? En ese momento llegó sir Lanzarote, más furioso que nunca.

Con la espada todavía en la mano, le contó a Arturo que el caballero de la extraña ARMADURA dorada le había birlado ante sus narices su gran proeza.

—Eso es muy GRAVE —reflexionó Arturo, mesándose la barba—. Además, Mordred, has de saber que en la Mesa Redonda ya tengo a los *mejores* caballeros...

Una voz femenina lo interrumpió:

—¡Pero él es realmente el caballero más fuerte y noble de Bretaña! ¡Y puede demostrarlo DERROTANDO a todos los demás!

La que había hablado era Morgana, que avanzó con paso decidido hasta el centro del salón del trono. El hada iba totalmente vestida de violeta, con un misterioso COLGANTE al cuello.

Morgana explicó a todos los presentes que sir Mordred era su paladín y que ella lo había adiestrado personalmente en las artes caballerescas... ¡y en las de la magia!

Sir Galván se adelantó en medio del silencio general; sabía que era el más **FUERTE**, entre otras cosas porque el poder de sus músculos aumentaba con el paso de las horas del día. En ese momento eran casi las once y a mediodía su energía alcanzaría su punto máximo. Sir Galván se arrodilló ante el rey Arturo y exclamó:

—Mi rey, déjame retar en duelo a sir Mordred. De esa manera vengaré el honor **herido** de Lanzarote y demostraré el valor de los caballeros de la Mesa Redonda.

Sir Mordred aceptó el desafío y Lanzarote agradeció a Galván su **CORTESÍA**. Entonces, Arturo, Ginebra y todos los caballeros se trasladaron a las puertas de Camelot, donde tendría lugar el **COMBATE**.

Arturo aceptó hacer de juez del duelo y Morgana se acercó a Mordred, le susurró algo al oído y le puso su colgante al cuello. Después comenzó la lucha. La espada de Galván era tan grande y **PESADA** que

ningún hombre normal podía levantarla, pero ¡el caballero la sostenía como si fuese una **PLUMA**!

Sir Galván empezó a atacar, asestando golpes cada vez más rápidos.

El estruendo de la espada abatiéndose sobre el escudo de Mordred retumbaba entre los muros del castillo.

Pero sir Mordred sonreía y paraba todos los mandobles sin esfuerzo.

El **COMBATE** duró mucho rato, mientras que la fuerza de Galván seguía creciendo. Cuan-

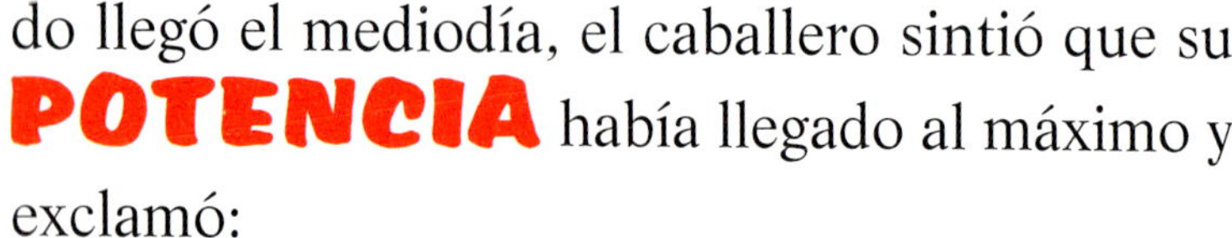

do llegó el mediodía, el caballero sintió que su **POTENCIA** había llegado al máximo y exclamó:

—¡Prepárate, Mordred, porque no podrás parar mi próximo ataque!

MORDRED SIEMBRA LA DISCORDIA

Galván descargó un gran mandoble con una VELOCIDAD y una fuerza increíbles, pero Mordred fue más rápido: dejó CAER la espada y el escudo para agarrar la hoja del caballero con las manos y sujetarla firmemente. Luego apretó los puños ¡y ROMPIÓ la gigantesca espada de Galván! Éste se quedó pasmado: ¡era imposible romper su imponente espada con tanta FACILIDAD! Pero el caballero no podía saber que el colgante de Morgana volvía las manos de Mordred más duras que la piedra.

¡La espada!
¡Je, je!
¡No!

¡Es increíble!

—¡Ah! —exclamó con orgullo Mordred—. Ahora que he derrotado a Galván, ¿reconocéis que soy el más **FUERTE** de todos?

Los caballeros de Arturo se fueron de allí con la cabeza gacha. Cuando cayó la noche, ninguno acudió a CENAR con el rey en la Mesa Redonda... salvo Morgana y Mordred, que se reían satisfechos.

¡No me fío!

Entonces, Ginebra se acercó a Arturo y le preguntó si podían hablar en privado.

—Lanzarote me ha explicado cómo ha derrotado Mordred al DRAGÓN errante —le dijo al rey—. El caballero de Morgana ha sido muy INCORRECTO y desleal: ha usado un hechizo para vencer al dragón, ¡realizando así la hazaña que le correspondía a Lanzarote! ¡No puedes per-

mitir que se siente a la Mesa Redonda! Traerá DISCORDIA entre tus caballeros y en todo el reino de Bretaña.

Arturo asintió, serio, y fue a consultar con el fiel Lanzarote, que estaba de acuerdo con la reina. Pero Mordred había demostrado ser realmente el más FUERTE de todos los caballeros y no era posible expulsarlo del castillo de Camelot.

Después de reflexionar, Arturo anunció a sus caballeros:

—Mandaré llamar al *mago* Merlín. Hace mucho tiempo que no viene por aquí ¡y estoy seguro de que sabrá darme excelentes consejos!

Arturo escribió pues un mensaje en un pergamino, lo selló con el ANILLO real y se lo entregó a un mensajero de confianza, que partió inmediatamente en busca de Merlín.

Mientras, en Camelot la situación seguía EMPEORANDO día tras día. Mordred se comportaba como si fuera el dueño del castillo y se mofaba de los demás caballeros con el apoyo de Morgana.

Una noche, cuando todos estaban reunidos en torno a la Mesa Redonda, sir Mordred se puso en pie, DESENROLLÓ un gran pergamino y dijo:

—Sire, hoy mientras cabalgaba por los bosques he visto a la reina Ginebra hablando con un DESCONOCIDO. Cuando me han oído llegar han huido... pero ¡a la reina se le ha caído este mensaje!

Arturo sabía que no podía fiarse de aquel caballero, pero era su deber de rey escuchar lo que decía.

Cogió el pergamino de manos de Mordred y PALIDECIÓ, pues en él, con florida caligrafía, estaba escrito:

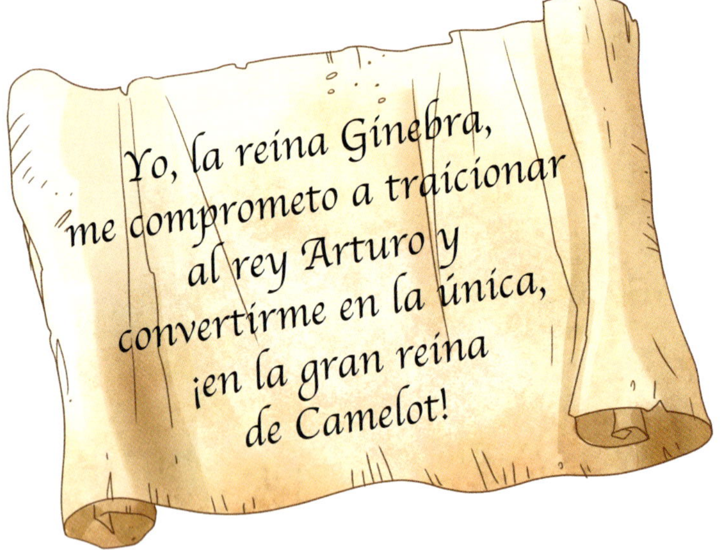

En defensa de la reina

Arturo que empezaba a estar muy enfadado exclamó:

—¡Esto es ridículo! ¡Yo me fío de Ginebra, es mi mujer y una reina buena y AMABLE!

Tras decir esas palabras el rey se fue, pero sabía que el problema no estaba resuelto. Más tarde, en efecto, el hada Morgana entró en el salón del trono y le hizo una reverencia.

—¿He de recordarte las leyes de Camelot, Arturo? —le preguntó—. ¡Ginebra ha sido acusada oficialmente de TRAICIÓN, por lo que debe ser juzgada!

Por desgracia era cierto: según las leyes de Camelot, el acusador debía retar en **DUELO** al caballero encargado de defender el honor de la reina. El vencedor decidiría el resultado del juicio. Si Mordred batía a su adversario, ¡Ginebra corría peligro de terminar en **PRISIÓN**!

Arturo se dejó caer sobre el trono.

—Lucharé yo mismo para defender a mi reina...

—Eso no es posible —lo interrumpió Morgana—. Tú eres el rey y, por tanto, el **JUEZ** del combate. ¡Deberá ofrecerse otro caballero en tu lugar!

El hada sonreía muy satisfecha, había conseguido poner a Arturo en **APUROS**. A los caballeros de Camelot los atemorizaba sir Mordred, ¿quién osaría aceptar el desafío?

El rey mandó llamar a Lanzarote, que aquella noche no se había presentado a cenar, pero na-

die pudo encontrarlo; se había RETIRADO al bosque para ejercitarse con la espada.

Mordred dio entonces un puñetazo en la mesa.

—¿Quién tiene el VALOR de defender a la reina? —gruñó—. Si nadie se presenta voluntario, ¡habré vencido la lid y la reina será encerrada en las MAZMORRAS!

Sir Boores se levantó de su silla y se llevó la mano a la espada. Era un caballero ACHAPARRADO, de hombros anchos y con una larga barba parda. Había asistido en silencio a la derrota de Galván y nunca había intervenido cuando Mordred se había comportado como un PREPOTENTE.

¡Aquí estoy yo!

Pero su gran paciencia se había acabado. Así que exclamó:

—Arturo, si sir Lanzarote no llega a tiempo, ¡seré yo quien defienda el honor de la reina!

Morgana estalló en CARCAJADAS.

—¡Mordred te tumbará de un solo golpe!

—**NO IMPORTA** —exclamó Boores con valor—. Me levantaré y le plantaré cara otra vez.

Durante toda la noche, Arturo se quedó en sus aposentos con Ginebra para tranquilizarla, mientras siervos y caballeros VAGABAN por los bosques en busca de Lanzarote, aunque sin suerte.

Por la mañana, una gran multitud se había concentrado a las puertas del castillo para asistir al combate entre Mordred y Boores, montados ya en sus corceles.

—¿Estás segurísimo de querer luchar conmigo, Boores? —le preguntó Mordred.

—¡Por supuesto! —respondió el noble caballero, empuñando una LARGUÍSIMA lanza. Arturo bajó el brazo para dar comienzo al combate. Boores y Mordred salieron al galope, lanza en ristre*. Se produjo un ruido fortísimo cuando los dos caballeros CHOCARON. Boores fue descabalgado, pero sin perder el ánimo, soltó la lanza rota y agarró la ESPADA.

* Expresión que indica la postura del caballero que se apresta al combate.

El enfrentamiento duró un tiempo que pareció interminable; Mordred ROMPIÓ la espada de Boores y el caballero empezó entonces a luchar con un gran MARTILLO. Mordred se lo arrebató de las manos y entonces Boores agarró un PALO. Al final, se quedó sin armas, pero no se rindió y se dispuso a luchar ¡con las manos DESNUDAS!

—¡Ríndete! —exclamó Mordred—. ¡Ya no te queda ninguna esperanza!

—Jamás me rendiré, está en juego el honor de la REINA.

—¡Bien dicho, sir Boores! —exclamó una voz a sus espaldas.

Llega Lanzarote

Quien había hablado era Lanzarote, que en el último momento se había encontrado con uno de los mensajeros de Arturo y había vuelto CORRIENDO al castillo. Tirando de las riendas de su caballo, Lanzarote se volvió hacia los demás caballeros y gritó:

—¿Por qué ninguno de vosotros, aparte de Boores, se ha ofrecido para DEFENDER el honor de la reina Ginebra? Ella siempre nos ha ayudado y ha estado dispuesta a escuchar los problemas de todos y ofrecernos sus consejos. ¡Era vuestro deber dar un paso al frente!

Los caballeros cruzaron miradas abochornadas y algunos enrojecieron de VERGÜENZA. Lanzarote desmontó y le tendió la mano a Boores para ayudarlo a levantarse. Luego se volvió hacia sir Mordred:

—¡Ahora tendrás que vértelas conmigo!

En ese momento, ANIMADO por el ejemplo de Lanzarote, también Galván se adelantó:

—Y luego conmigo.

—¡Y conmigo también! —intervino sir Perceval.

Todos los caballeros de la Mesa Redonda se adelantaron. Sir Mordred envainó la espada, dirigió una MISTERIOSA mirada a Morgana y dijo:

—Sea, pues. Retiro mis acusaciones: Ginebra no es culpable de traición.

—¡Deberías presentarle tus DISCULPAS! —exclamó Arturo, pero Mordred y Morgana se alejaron a paso rápido sin añadir nada más.

¡Viva la reina!
¡Vámonos!

Arturo abrazó a Ginebra, contento de que todo se hubiera resuelto de la mejor manera.

Pero no estaba tranquilo: la llegada de sir Mordred había ocasionado PROBLEMAS en Camelot y él tenía que intervenir. Así que se echó encima una amplia capa oscura y se adentró por los CORREDORES del castillo para ir a la habitación del hada Morgana.

Sabía que escuchar las conversaciones ajenas no era una acción noble ni digna de un rey, pero ¡estaba en juego la PAZ de toda Bretaña y no tenía más remedio!

La habitación de Morgana tenía una gran y pesada puerta de roble, pero por la rendija inferior se oían las voces del hada y de sir Mordred, que DECÍAN:

—Has hecho bien renunciando a luchar —comentaba Morgana—, porque no queremos que

todos los caballeros se vuelvan todavía más FIELES a Arturo.

—Lástima —susurró entonces Mordred—, porque tu plan era ideal: si hubiese vencido a Boores, ¡habrían tenido que ENCERRAR a Ginebra en prisión!

—Ten paciencia, amigo mío —lo consoló el hada—. Ya tengo en mente un nuevo plan y esta vez no fracasará. ¡Pronto te convertirás en rey de Bretaña en lugar de Arturo y yo seré reina!

Al oír esas palabras, Arturo se arrebujó en su capa y CORRIÓ de vuelta por el oscuro pasillo, procurando no hacer ruido.

El complot de Morgana

De vuelta en sus aposentos, Arturo se dejó caer en una silla, ¡la situación era muy GRAVE y tenía que ACTUAR cuanto antes!

En ese momento, la puerta del dormitorio del rey se abrió y entró un SIRVIENTE.

—Perdona, buen hombre —murmuró Arturo—, pero necesito estar un rato solo para reflexionar.

Entonces, el criado levantó una mano y su disfraz se DESVANECIÓ en una nube de humo, debajo de él apareció la túnica azul y la larga barba de Merlín. Había usado un ENCANTAMIENTO

¡Eres tú, Merlín!
¡Je, je!

para disfrazarse y pasar desapercibido entre los caballeros y la gente de la corte. Había llegado a Camelot el mismo día que Morgana y Mordred, había asistido a sus AVIESOS PLANES y luego había esperado el mejor momento para ofrecerle su ayuda al rey.

Cuando vio a su viejo amigo, Arturo se puso en pie de un salto y lo abrazó.

—¡Has venido! —susurró.

Merlín sonrió astuto.

—Siempre sé si alguien me necesita. Morgana TRAMA algo. Desde que era muy pequeña sueña con convertirse en REINA y ahora piensa que Mordred podrá ayudarla a alcanzar su objetivo... —Merlín se puso serio—. Yo le enseñé todo lo que sabía. Estaba convencido de que así se convertiría en una hada buena y poderosa, y olvidaría sus sueños. Pero ¡me EQUIVOCABA!

¡Ahora es el momento de enfrentarse a ella y apaciguar de una vez por todas sus ansias de poder!

Merlín le contó el plan que había ideado para solventar la situación.

Tras despedirse del rey con una reverencia, el mago subió a la torre más alta del castillo, donde se criaban las PALOMAS mensajeras, y eligió a una de las más fuertes y listas. Escribió un breve mensaje en un rollo de pergamino, lo selló con un encantamiento y lo ATÓ a la pata del ave.

—¡Ve hasta Morgana! —le susurró el mago Merlín y la paloma mensajera se marchó volando por una VENTANA de la torre para meterse en la alcoba del hada.

Cumplida la primera parte de su plan, Merlín debía **APRESURARSE**; cogió su bastón y se alejó rápidamente de Camelot. Caminó hasta la **CASCADA** que formaba el río detrás del castillo y, una vez allí, murmuró una misteriosa fórmula *mágica*. Entonces el agua **CESÓ** de caer impetuosa desde

la montaña, revelando la oscura entrada a una gruta excavada en la ROCA. Merlín penetró en ella y, con otra fórmula mágica, hizo que la cascada volviera a PRECIPITARSE, ocultando la pequeña abertura. Por último, se preparó para la llegada de Morgana.

LA ALUMNA Y EL MAESTRO

Cuando Morgana volvió a su habitación, el sol ya se había puesto en el horizonte. Se tumbó sobre la cama, pensando **SATISFECHA** en el día recién acabado. Solamente entonces vio a la PALOMA posada en el alféizar. La dama cogió el ave entre las manos y desató el mensaje enrollado en su pata. En él estaba escrito: «*Veámonos en la cueva de la cascada. Merlín*».

Morgana sonrió: había llegado el momento de enfrentarse a su maestro. DESTRUYÓ el mensaje del mago rozándolo con la yema de los dedos y luego se puso a buscar entre sus pociones. Eligió una que quitaba el cansancio y otra que reforzaba sus poderes mágicos.

Luego se peinó su largo pelo y se contempló en el espejo: el vestido oscuro CEÑÍA su cuerpo hasta los pies y el colgante mágico brillaba en su pecho con una luz misteriosa. ¡Estaba lista! En completo silencio, el hada recorrió los pasillos desiertos de Camelot y salió a la noche, tomando luego el *sendero* que conducía a la catarata. También ella detuvo la caída del agua con un simple gesto y entró con paso **RÁPIDO** en la cueva de la montaña. Una vez dentro, se halló en un gran espacio excavado en la piedra e iluminado por fuegos MULTICOLOR, fruto de la magia, que brillaban a media altura en el aire. Las luces se reflejaban en el techo y dibujaban extraños símbolos.

—¡Merlín! —llamó Morgana—. ¡Estoy aquí, ya he llegado!

El mago se adelantó, sosteniendo el BASTÓN con ambas manos. Exclamó:

—¡He descubierto tus TRUCOS, Morgana! ¡No debías conspirar contra el rey Arturo! ¡Ahora, prepárate para vértelas conmigo!

Ella se rió, DESDEÑOSA.

—¡Merezco ser la reina y tú no podrás detenerme! He preparado un plan perfecto: ¡ROBARÉ el Grial y Bretaña perderá la paz y la prosperidad que ha alcanzado! ¡Todos le echarán la culpa a Arturo y Mordred y yo gobernaremos por fin en su lugar!

Merlín negó con la cabeza y, con voz muy triste, dijo:

—¿No aprendiste NADA de mis enseñanzas? ¡La magia debe usarse siempre con buen fin! —Y luego añadió—: Cuando construí Camelot para Arturo, sabía que algún día tendría

Merlín... ¡ya era hora!

¡Por fin,
Morgana!

que defender el castillo de una hada deseosa de **PODER**, pero ¡no imaginaba que serías precisamente tú!

Morgana guardó silencio, el tiempo de hablar había terminado. Ahora sólo quería **COMBATIR** y derrotar a su maestro. El hada levantó las manos y pronunció una fórmula misteriosa ¡y de sus dedos salieron tentáculos **LLAMEANTES** que se abatieron sobre Merlín! Pero el mago era muy ágil y esquivó el ataque con facilidad. En la punta de su bastón nudoso

se formó una BOLA de luz que Merlín lanzó contra Morgana.

—¿Esto es todo lo que sabes hacer? —replicó ella, **sarcástica**, y se transformó en una nube de humo para reaparecer al otro lado de la cueva.

—Todavía puedo enseñarte algún que otro truco —repuso Merlín, arrojando una TORMENTA de rayos en su dirección.

LA CÁRCEL DE LLAMAS

Merlín y Morgana lucharon durante muchas horas, recurriendo a todos sus hechizos. La gruta se llenó de una NIEBLA iluminada por RELÁMPAGOS y Merlín desencadenó incluso una ventisca.

Se lanzaron ESFERAS de fuego y FLECHAS luminosas.

Usaron el agua de la cascada para dar vida a dos GIGANTESCOS caballeros que pelearon entre sí a golpe de sable.

Se acercaba el amanecer y ninguno de los dos había logrado vencer, sus **PODERES** eran idénticos.

—¡Estoy totalmente AGOTADA! —reconoció por fin Morgana—. Ayúdame, Merlín, la cabeza me da vueltas y las fuerzas me abandonan...

Enternecido, él detuvo su ataque y se acercó al hada, que realmente estaba palidísima. Cerró los ojos y alargó las manos para pronunciar un HECHIZO curativo y Morgana lo aprovechó: en realidad no estaba nada cansada, solamente había sido una estratagema para derrotar a su adversario.

Mientras el mago estaba DISTRAÍDO, ella murmuró la fórmula de un poderoso encantamiento encarcelador.

Merlín gritó ante la sorpresa y se vio elevado en el centro de la cueva, donde el aire se solidificó

¡¡Nooooo!!
¡Victoria!

en torno a él y se volvió más RESISTENTE que una pared de ladrillo. Morgana lo había encerrado en una recia cárcel... ¡hecha de LLAMAS de colores que fluctuaban en el aire!

—¡Suéltame! —exigió el mago, pero Morgana se encogió de hombros con mirada ASTUTA.

—Ahora estás prisionero y no podrás avisar a Arturo —dijo con gran satisfacción—. ¡Tengo intención de robar el Grial y nadie me detendrá!

Dicho eso, se marchó rápidamente de la cueva entre RISAS.

El sol acababa de salir por el horizonte y en el castillo de Camelot todos estaban a punto de despertarse. Morgana usó entonces un hechizo de INVISIBILIDAD y, sin que nadie pudiera verla, se adentró por los corredores del castillo hasta llegar a la cámara donde se custodiaba el TESORO de la corte.

Un soldado montaba guardia delante de la pesada puerta de hierro, pero a Morgana sólo le hizo falta una fórmula mágica para adormecerlo y robarle las LLAVES.

Cuando entró en la cámara del tesoro, incluso ella se quedó por un momento ATÓNITA: en todas partes brillaban joyas, había baúles llenos hasta arriba de piedras preciosas, saquitos repletos de monedas de oro. En el centro de la cámara, en un pequeño pedestal, se encontraba el **GRIAL**. La copa brillaba con una luz intensa y era tan hermosa que, en comparación, los demás objetos preciosos **PALIDECÍAN**.

Morgana cogió rápidamente una bolsa de seda, tomó el Grial y lo metió dentro. Luego corrió a ver a sir Mordred para avisarlo de que se preparara: debían marcharse inmediatamente de Camelot.

¡Aquí está el Grial!

¡El Grial ha desaparecido!

Aquella mañana, Arturo no conseguía levantarse. Se sentía muy, muy CANSADO, como si fuera plena noche en vez de estar ya bien entrada la mañana. Con gran trabajo, se dio media vuelta en la cama y volvió a DORMIRSE profundamente. Sir Lanzarote entró de repente en la habitación, vio que el rey todavía dormía y, ALARMADO, lo sacudió.

—¡Sire —gritó—, debéis despertaros! ¡Ha ocurrido algo GRAVÍSIMO!

—Mm... sí... ¡¿eh?! —farfulló Arturo sin conseguir despertarse.

Lanzarote empezó a explicarle lo sucedido, esperando que así se espabilara:

—Esta mañana, poco después de que saliera el sol, han llegado a Camelot decenas de CAMPESINOS, ¡y siguen viniendo más! ¡Dicen que los árboles han dejado de dar fruto y campos enteros se han convertido en simple tierra YERMA! Y luego han llegado los pescadores, ¡afirman que los peces han desaparecido del mar! ¡Tenemos que hacer algo!

—*Ejem*... Merlín... —susurró Arturo sin abrir los ojos.

—¡Merlín no aparece por NINGUNA parte!

¡Y tampoco el hada Morgana! ¡Arturo, te necesitamos!

Pero el rey Arturo no se despertaba y sir Lanzarote no tenía tiempo que perder, ¡aquélla era una auténtica **EMERGENCIA**! Así que el valiente caballero fue a llamar a la reina Ginebra, sir Perceval y sir Galván, que eran sus mejores amigos.

El sueño en que había caído el rey parecía **MISTERIOSAMENTE** relacionado con la repentina ruina que había golpeado los campos. Ginebra propuso bajar a los sótanos del castillo para coger el Grial: los poderes mágicos de la copa podrían devolver las cosas a la normalidad.

Pero cuando el grupito llegó a la cámara del tesoro, se dieron cuenta con estupor de que la copa encantada había **DESAPARECIDO**.

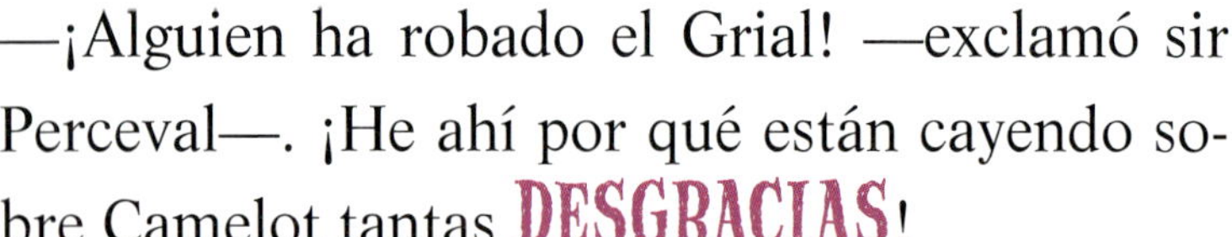

—¡Alguien ha robado el Grial! —exclamó sir Perceval—. ¡He ahí por qué están cayendo sobre Camelot tantas DESGRACIAS!

—¡Tenemos que hacer ALGO! —exclamó sir Galván.

Ginebra asintió, no había ni un instante que perder. Reunió a todos los caballeros de la Mesa Redonda y ella misma se sentó en el TRONO que normalmente ocupaba Arturo.

En tono amable pero decidido, la reina pidió silencio.

—Nuestro rey está aquejado de un SUEÑO MISTERIOSO y la tierra ha dejado de proporcionarnos sus preciosos tesoros. Por eso, desde este momento, proclamo el inicio de la búsqueda del Grial. Todos

los caballeros partirán hacia los CUATRO PUNTOS CARDINALES del mundo para recuperar la copa PERDIDA. ¡Están en juego el honor y la salvación de Camelot y de Bretaña!

Los caballeros se pusieron en pie blandiendo la espada y se prepararon para partir. Durante todo el día, los escuderos ensillaron caballos y los herreros AFILARON espadas y repararon armaduras. ¡Al anochecer no quedaba ya ningún caballero en Camelot!

LA VALENTÍA DE LANZAROTE

Sir Lanzarote había hablado largo y tendido con la reina Ginebra y ambos estaban convencidos de que el hada Morgana era la ladrona del Grial. ¿Dónde podía haberse escondido?

Lanzarote cabalgó días y días por toda Bretaña. Pedía información a todo el que encontraba, pero nadie tenía NOTICIAS de Morgana y sir Mordred. Sólo veía campos DESOLADOS y lagos sin peces. Un día, el caballero se topó con un labrador que estaba sentado en un lado del camino. Parecía cansadísimo y tenía la ropa

CHAMUSCADA y manchada de humo.

—¡Ayúdame, sir Lanzarote! —exclamó—. ¡Un dragón ha llegado a mi pueblo, en lo alto de la montaña, y ha provocado un terrible INCENDIO! ¡Todos mis paisanos han quedado atrapados y sólo yo he podido escapar!

Por mucha prisa que tuviera, Lanzarote no podía negarse a ayudar a personas en APUROS, le iba en ello su honor de caballero.

Emprendió pues un largo CAMINO por la montaña que le había indicado el campesino y vio que la cima estaba cercada por una cortina de llamas que se elevaban hasta el cielo.

¡El dragón!
¡Otra vez él!

Agazapado en la cumbre había, en efecto, un gigantesco DRAGÓN que soplaba y soplaba, alimentando el fuego. Lanzarote lo reconoció en seguida: era el dragón errante que Mordred había capturado antes de presentarse en Camelot. ¡VOLVÍA A ESTAR LIBRE!

Con cuidado para que el animal no lo viera, Lanzarote rodeó el inmenso fuego que cubría la montaña. Luego desenvainó la espada y empezó a hacerla girar tan rápido que las llamas se SEPARARON delante de él, lo que le permitió pasar. Así llegó por fin al pueblo. Una vez allí, fue subiendo a los habitantes a su caballo, uno cada vez, y ayudándolos a pasar al otro lado, poniéndolos a salvo. Para sacarlos a todos hicieron falta muchas horas y, al final, Lanzarote estaba EXHAUSTO. Pero su misión aún no había concluido.

—¡Tengo que vencer al dragón de una vez para siempre! —exclamó con fiereza. Mientras hablaba, la hija del jefe del pueblo se le acercó. La armadura de Lanzarote estaba CHAMUSCADA y el caballero parecía agotado.

—Ahora, gracias a ti, estamos a salvo —declaró la muchacha—. Deja descansar tu espada y quédate con nosotros, ¡ayúdanos a construir un pueblo nuevo y a defenderlo de los PELIGROS!

Lanzarote se lo pensó y decidió que era lo que debía hacer. No había sido capaz de encontrar el Grial y no podía hacer nada por Arturo, pero al menos podía ayudar a su pueblo. Sabía que su rey habría estado de acuerdo.

Galván y el Caballero Verde

En el curso de su viaje, Lanzarote había atravesado Bretaña a lo largo y a lo ancho. Sir Galván, por su parte, había decidido recorrer la costa, su instinto le decía que la copa podía encontrarse cerca del MAR.

El caballero empezó así su larguísimo camino. LLOVÍA casi todos los días y las salpicaduras de agua helada que llegaban del mar lo hacían TIRITAR.

Después de meses y meses de viaje, una noche Galván vio un castillo oscuro, levantado justo al borde de un acantilado. De las ventanas salía

una luz CÁLIDA y Galván pensó que allí podría resguardarse y dejar que su caballo descansara un poco en un lugar SECO.

Entró en el castillo y llegó a una gran sala, donde lo esperaba un caballero con una armadura de un reluciente VERDE esmeralda.

—Caballero —dijo Galván—, estoy muy cansado y mi caballo está empapado. ¡Deja que descanse aquí esta NOCHE!

—Te lo permitiré —respondió el caballero— solamente si me golpeas con tu espada. Te prometo que no me DEFENDERÉ, pero tendrás que esperar un año entero en mi castillo. Al término de ese largo plazo, yo seré quien te golpearé a ti.

¡ERA UN DESAFÍO REALMENTE RARO!

Un año era un tiempo infinito, pero Galván era demasiado NOBLE para no aceptar; de hecho

¿Aceptas
el desafío?
Yo... ¡sí, claro!

un caballero valiente no puede rechazar un desafío. Así que sacó la espada y GOLPEÓ al Caballero Verde en un hombro, con la espada plana.

Aunque era de noche y sus fuerzas estaban en su nivel más bajo, tenía TANTA POTENCIA que logró hacer caer de rodillas al Caballero Verde.

—Muy bien —dijo éste alzándose—. Ahora deberás quedarte conmigo un año entero.

Galván esperó todo un año y el Caballero Verde y él se hicieron AMIGOS.

En todo ese tiempo Galván se percató de que el caballero era casi tan fuerte como él y, en su corazón, empezó a temer el momento en que le devolvería el golpe. Pero ni por un momento pensó en ESCAPAR, porque su VALOR era realmente grande y sin tacha.

Cuando hubo transcurrido un año exacto, el Caballero Verde se presentó con una hacha gigantesca en la mano. Si golpeaba a Galván con ella, ciertamente lo HERIRÍA de gravedad.

Galván se dijo: «Después de un viaje tan largo, no he logrado encontrar el Grial ni ayudar a Arturo. Ahora no mancharé mi honor poniendo pies en polvorosa».

El Caballero Verde, al ver la valentía de Galván, que estaba dispuesto a recibir el golpe sin defenderse, dejó caer el HACHA.

—Eres verdaderamente un caballero de nobles sentimientos, además de fuerte y valiente —declaró—. Ahora te diré quién soy: aunque lleve ARMADURA, en realidad soy un PODEROSO MAGO y desde hace mucho tiempo espero a los caballeros en mi

castillo para ponerlos a prueba. Pero tú eres el único que ha tenido el valor de quedarse conmigo un año entero.

Para recompensar a Galván, el mago le prometió concederle un **DESEO**. Entonces, él le preguntó dónde estaba el Grial.

—Galván —le dijo el mago—, tú no estás destinado a encontrar el **GRIAL**, eso le corresponde a tu compañero Perceval, que ya recibió una vez el cáliz del Rey Pescador. Tú debes volver a Camelot; cuando Perceval llegue allí, necesitará tu **AYUDA**.

Galván le dio las gracias al mago y partió al galope hacia Camelot.

El largo viaje de Perceval

De todos los caballeros de la Mesa Redonda, sir Perceval fue el que más viajó. En su afanosa BÚSQUEDA del Grial, primero recorrió el litoral de Bretaña y luego emprendió un largo TRAYECTO por las tierras del interior.

En el curso de su larga aventura, buscó con tenacidad en un PUEBLO tras otro, deteniéndose en todos para pedir información y ofrecer su ayuda. Con Arturo profundamente dormido en su cama, víctima de un HECHIZO, siempre había algún cometido peligroso que requería la

intervención de un verdadero caballero: socorrer a indefensos, resolver un LITIGIO entre pueblos o ayudar a un labrador que no podía dar de comer a su familia...

Cuando el CANSANCIO estaba ya a punto de vencer, incluso a un caballero tan entrenado y valeroso como él, sir Perceval llegó a un bonito pueblo. Por primera vez desde que había dejado Camelot, encontró CASAS bien construidas y campos cultivados con esmero. Era como si la escasez no hubiera tocado aún aquella tierra *feliz*.

—¿Cómo es posible todo esto? —se pre-

guntó maravillado. En seguida pidió información a un LEÑADOR que se dirigía al bosquecillo vecino. Éste le sonrió afable.

—El mérito es de un MISTERIOSO CABALLERO. Llegó hace tiempo a nuestro pueblo, por entonces AMENAZADO por un terrible dragón. ¡El caballero nos salvó a todos y nos ayudó a reconstruir nuestras casas!

Perceval quiso conocer a un caballero tan bueno y de espíritu tan noble. Sin duda, ¡podría ayudarlo a cumplir su misión y recuperar el GRIAL! Pero grande fue su asombro al ver que el caballero misterioso ¡no era otro que su AMIGO sir Lanzarote! Después de festejar su encuentro, los dos hablaron largo rato.

—Como siempre, amigo mío, has hecho honor a tu nombre —dijo Perceval, orgulloso—. Salvaste a estas personas del DRAGÓN

¡Viva!

¡Perceval!
¡Amigo!
¡Je, je!

errante y las has ayudado a reconstruir el pueblo. Pero ahora tu deber aquí ha terminado, ¡Arturo sigue durmiendo un sueño encantado y Camelot va a la RUINA! ¡Nuestra única esperanza es encontrar a Morgana y recuperar el Grial!

—Pero yo estoy cansado y he fracasado —repuso Lanzarote—. Viajé por montes y mares sin encontrar NADA.

Perceval le palmeó el hombro.

—También yo estoy agotado. Pero, si seguimos el VIAJE juntos, nos daremos ánimos y saldremos de esta importantísima empresa.

Lanzarote aceptó y, tras despedirse de todos, partió con Perceval en busca del Grial.

¡Al galope!
¡Adiós!
¡Gracias!

—¡Sólo falta Galván! —observó Perceval, mirando a todos los amigos que habían ido encontrado por el camino.

—¿Dónde se habrá metido? —preguntó Lanzarote.

¡Precisamente en ese momento Perceval tuvo una idea BRILLANTE!

—El único lugar donde no hemos buscado es aquel del que partimos, ¡CAMELOT! ¡Estoy seguro de que allí encontraremos a Galván!

Los caballeros de la Mesa Redonda volvieron a la CARRERA a Camelot, donde, como había supuesto Perceval, encontraron esperándolos a Galván y a la reina Ginebra, que todos esos años había permanecido fielmente al lado de Arturo.

El rey seguía durmiendo y el castillo estaba ahora en RUINAS, pero todos se sentían tan

¡Caballeros!
¡Hemos vuelto!

contentos de estar juntos otra vez, que decidieron organizar una pequeña FIESTA.

A continuación, olvidando el cansancio, Perceval montó a caballo y salió de nuevo del castillo. Un PENSAMIENTO no dejaba de obsesionarlo: si en todo aquel peregrinar nadie había conseguido encontrar aún el Grial, era porque ¡la copa debía de hallarse allí mismo! En efecto, los caballeros se habían apresurado a emprender el VIAJE sin buscar antes en el lugar más cercano a su casa.

Cuando sir Perceval llegó a la cascada situada a espaldas del castillo, desmontó y, sin dejar de pensar, se sentó a mirar el agua que CORRÍA y CORRÍA desde

la montaña. Al rato se dio cuenta de que, detrás de la cascada, se veía una SOMBRA... ¡Parecía la entrada a una cueva! Sir Perceval se armó de valor, pasó bajo la ruidosa cortina de agua de la CASCADA y llegó al otro lado. ¡Era una gruta secreta!

El despertar del rey Arturo

Aunque la boca de la cueva estaba oscura, de dentro salía una leve claridad. Sir Perceval blandió su espada y se metió en el pasadizo. Llegó a una amplia caverna iluminada por LLAMITAS de colores que flotaban en el aire y, asombrado, exclamó:

—¡Estoy seguro que esto tiene que ser fruto de un HECHIZO!

—Así es —le respondió una voz, sobresaltándolo. La voz siguió diciendo—: Soy yo, Merlín. ¡Morgana me ENCARCELÓ en esta jaula de llamas de colores!

—¡Esa traidora lo pagará! —prometió sir Perceval—. Pero ¿cómo puedo liberarte? ¡Yo no soy MAGO!

—Para liberarme no hace falta un mago, sino un caballero de corazón PURO. Entre las llamas que iluminan la cueva, busca una de color azul, córtala en dos con tu ESPADA ¡y seré libre!

Sir Perceval hizo lo que Merlín le decía. Encontró una LLAMITA que relucía como un trocito de cielo centelleante y la PARTIÓ en dos con su espada. De repente,

ante él apareció el VIEJO MAGO. Sir Perceval lo abrazó y luego le contó todas sus aventuras.

—Sé por qué no has encontrado el Grial —le dijo Merlín—. Morgana lo ha escondido con un hechizo, pero yo puedo VER dónde está. ¡Conquistaremos su castillo y devolveremos la paz a Camelot!

—¡Desde luego! —exclamó Perceval—. Pero ¡lo primero es despertar a nuestro rey!

Salieron de la cueva, montaron ambos en el caballo de Perceval y se dirigieron al castillo. Cuando el mago entró en la habitación del rey DORMIDO, Ginebra y los otros caballeros se apartaron en silencio. Merlín se acercó a Arturo y levantó las manos.

—Rey Arturo, Bretaña y tú estáis unidos por el destino. Sin el Grial, las **FUERZAS** te han abandonado. Ahora, sin embargo, recobrarás tu vigor, ¡porque tenemos que luchar para traer de nuevo la PAZ!

Los dedos de Merlín trazaron misteriosos signos en el aire y Arturo abrió por fin los ojos.

—*¡Merlín!* —murmuró, todavía aturdido.

Luego se dio cuenta de que la habitación estaba llena de gente y, sorprendido, se levantó.

—¿Qué hacéis todos aquí?

Ginebra le cogió la mano y le contó lo que había sucedido. Merlín reveló que Morgana y sir Mordred se escondían en un castillo del Norte.

—¡Debemos partir ***INMEDIATAMENTE***! —dijo Arturo con determinación—. ¡Ensillad los caballos y afilad las espadas!

¡Estáis todos aquí!
¡Sí, Majestad!

El gran duelo

Los caballeros en marcha eran como un brillante océano de acero pulido y espadas desenvainadas. Banderas de múltiples colores ondeaban al viento, cada una con el blasón de un caballero y en todas destacaba el DRAGÓN dorado, símbolo del rey Arturo y de Camelot. El rey encabezaba el EJÉRCITO con Merlín a su lado, seguidos por los caballeros más valientes: sir Lanzarote, sir Perceval y sir Galván.

¡Por Camelot!
¡Por Arturo!

¡Al ataque!
¡Por Bretaña!

Merlín sujetaba las riendas con una sola mano y con la otra apuntaba al cielo con su bastón, que se iluminaba para indicarles el camino hacia el castillo de Morgana y sir Mordred. Cabalgaron un día y una noche y sólo pararon para dejar descansar a los caballos.

Después, al alba, Merlín desmontó por fin de su corcel BLANCO como la nieve y murmuró:

—HEMOS LLEGADO.

Arturo miró a su alrededor maravillado. Habían cabalgado por colinas ásperas batidas por el viento y ahora, ante ellos, se abría un valle exuberante, lleno de ÁRBOLES en FLOR, que llenaban el aire de aromas. Era evidente que la magia del Grial había pasado por aquellos parajes... pero ¡no se veía ningún castillo!

Merlín volvió a levantar su bastón mágico y exclamó:

¡El castillo de Morgana!

—¡Ahora, que lo que esté oculto se muestre!

El castillo donde se refugiaban Morgana y Mordred apareció de pronto en el valle. Estaba rodeado por tres recintos de MURALLAS y defendido por TORRES puntiagudas. Por todas partes se veían soldados de guardia y caballeros que ondeaban espantosas banderas.

—Morgana ha PROTEGIDO este lugar con su magia —explicó Merlín—, pero no ha podido ocultar los efectos del Grial en las tierras circundantes.

Desde lo alto de las fortificaciones, los guardias del castillo habían avistado el ejército de Arturo y habían dado la voz de ALARMA.

El rey pidió entonces a Merlín y Lanzarote que lo acompañaran y juntos bajaron al galope hasta las puertas de aquel SOMBRÍO castillo.

—¡Soy Arturo, rey de Camelot y de toda Bretaña! ¡He venido a recuperar el Grial!

El macizo portón se abrió con un siniestro CHIRRIDO y dos figuras avanzaron hacia Arturo. Una era sir Mordred con su ARMADURA dorada y su EXTRAÑO yelmo, montado en un purasangre negro como la noche. La otra era Morgana, con un largo vestido y un velo sobre el rostro.

Mordred llegó a pocos pasos de Arturo y soltó una RISA burlona:

—¡Ya demostré que soy el más fuerte, Arturo! ¡Derroté a todos tus caballeros uno por uno, empezando por Lanzarote!

Al oír esas palabras, Lanzarote hizo ademán de lanzarse al ATAQUE, pero Arturo lo retuvo.

—Sin contar —añadió Morgana— con que mi magia protege a Mordred.

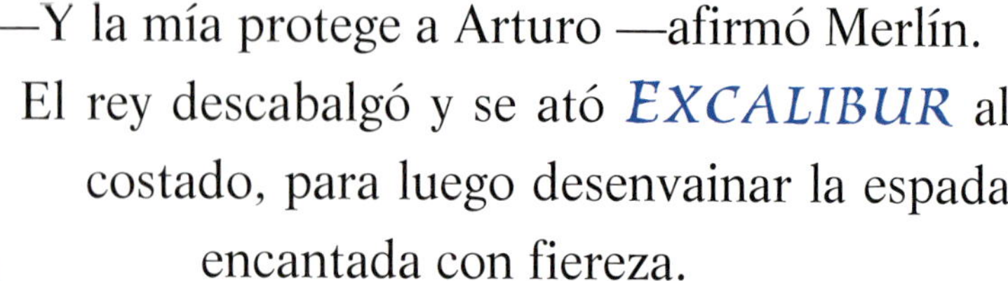

—Y la mía protege a Arturo —afirmó Merlín.

El rey descabalgó y se ató *EXCALIBUR* al costado, para luego desenvainar la espada encantada con fiereza.

—**ADELANTE** —lo retó Mordred—, ahora veremos cuál de nosotros merece ser rey.

Un verdadero rey

Mordred era un caballero extremadamente hábil y conocía todos los trucos y los golpes más **DIFÍCILES** de la esgrima. Pero ¡Arturo no lo era menos! Excalibur volaba en sus rápidas manos, veloz como una flecha, y el rey era ágil y decidido, siempre listo para parar los golpes y atacar de nuevo.

—Mira —explicó Arturo—, ser rey no significa vivir en un **GRAN** palacio. ¡Tú has robado el Grial y lo has usado para hacer ESPLÉNDIDO sólo el valle que rodea tu castillo, sin pensar en el resto de Bretaña!

¡Ooooooooooh!
¿Quién vencerá?

¡Ven aquí!

Mordred apretó los dientes y lo acusó:

—Pero ¡tú tienes el mayor TESORO del mundo!

—¡Ese tesoro no es mío! —dijo Arturo sonriendo—. Yo sólo he de custodiarlo y gastarlo para mi pueblo cuando es preciso construir una nueva aldea o barcas para los pescadores...

—Pero ¡tu CASTILLO es mucho más bonito que cualquier otro castillo!

—Y siempre está abierto a todos, cualquiera puede encontrar allí cama o comida caliente.

Con un MOVIMIENTO formidable, Arturo hizo volar la espada de Mordred, que GIRÓ en el aire antes de desaparecer en el foso del castillo.

Mordred cayó y el yelmo se le salió y rodó por el suelo. El caballero se quedó inerme, con una sombra de MIEDO en los ojos.

Entonces Arturo se acercó, cogió Excalibur por la hoja y le tendió el puño a Mordred.

—¿Crees que puedes ser un BUEN rey? ¿Protegerás al pueblo y pensarás siempre en los demás antes que en ti mismo? Si es así, sir Mordred, entonces toma EXCALIBUR, te la regalo y te regalo el reino de Camelot. Prométeme que serás un buen rey y Bretaña será tuya.

Mordred alargó los dedos hacia Excalibur, pero luego dudó. En ese momento comprendió que Arturo era de verdad un monarca digno de su fama: estaba dispuesto a TODO, incluso a renunciar a su corona, con tal de asegurar la paz y la prosperidad de su gente.

Entonces fue Morgana la que intervino:

—¡VÁMONOS, Mordred! Hemos cometido un terrible ERROR. Queríamos convertirnos en señores de Bretaña para dominar a los de-

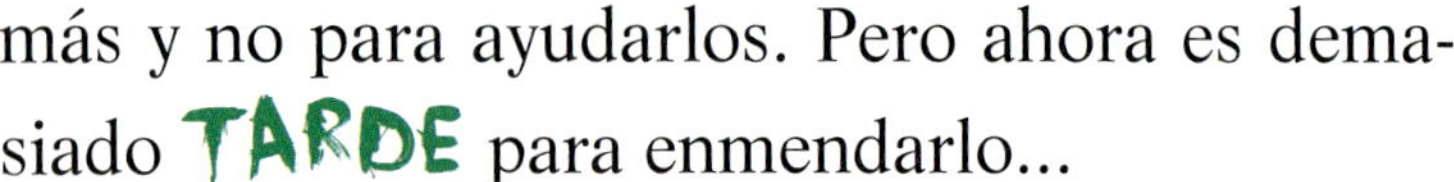

más y no para ayudarlos. Pero ahora es demasiado TARDE para enmendarlo...

Mordred se quedó tan impresionado por las palabras de Morgana que se volvió hacia Arturo y, con orgullo, le dijo:

—¡No creo que sea demasiado tarde! ¡Sire, acéptame entre tus CABALLEROS DE LA MESA REDONDA!

Lanzarote, que había asistido a toda la escena junto a Merlín, se acercó a Mordred y le estrechó la mano.

—Será un PLACER combatir a tu lado, sir Mordred.

—Y para mí a tu lado, sir Lanzarote.

¡Viva!
¡Viva Arturo!
¡Perdóname!
¡Por supuesto!

La fiesta de la paz

Morgana se acercó a Arturo y le juró fidelidad. Luego fue a pedirle perdón a Merlín por haberlo tenido **PRISIONERO**.

El mago, que sabía leer en lo más profundo de los **CORAZONES**, supo que sus sentimientos eran sinceros y la perdonó con gusto.

Sir Perceval entró solo en el castillo de Mordred, cogió el Grial y lo puso a buen recaudo en un cofre que se ATÓ a la espalda.

A continuación, todos se dispusieron a volver a Camelot.

—¡Mordred, Morgana! —llamó Arturo—. Venid con nosotros. Con el Grial, la abundancia volverá al reino... ¡y yo lo quiero FESTEJAR con un suntuoso banquete!

El viaje de vuelta rebosó alegría; los caballeros habían renunciado a llevar las PESADAS armaduras y cabalgaban con atuendos ligeros, calentándose al agradable sol de la PRIMAVERA.

La noticia de su llegada los precedió. Cuando tuvieron Camelot a la vista encontraron enormes mesas ya dispuestas en el parque del castillo, colmadas de deliciosas viandas.

Fue una fiesta realmente maravillosa: todos bailaron, se atiborraron de comida y cantaron durante horas y cuando el banquete terminó, ya era bien entrada la tarde.

Los caballeros tenían la barriga llena y algunos estaban tan cansados que se habían dormido y **RONCABAN** sonoramente.

Arturo se levantó de su silla sin hacer ruido y se acercó a sir Keu, que estaba **PICOTEANDO** frutos secos en medio de caballeros dormidos. El rey le tenía mucho cariño, como a un verdadero hermano.

—¿Hacemos bien **FIÁNDONOS** de Mordred? —le preguntó sir Keu a Arturo al oído, para que nadie más lo oyera.

El rey le respondió con una sonrisa:

—Estoy seguro de que sí. Ha comprendido su **ERROR** y es un excelente caballero; después de todo, ¡fue adiestrado por una hada poderosa como Morgana! Ahora que ha puesto su valor al servicio de la paz, Bretaña disfrutará otra vez de alegría y prosperidad.

Rrrf, rrrf...
Ven conmigo
Zzzzzz...

Luego, la cara de Arturo adquirió una expresión ENIGMÁTICA y le susurró a sir Keu:

—Ya sólo me queda una cosa por hacer... Pero se trata de un asunto de la máxima IMPORTANCIA y quiero tener a un amigo a mi lado. Keu, ¿te apetece acompañarme en una GRAN AVENTURA?

—Mi rey —exclamó sir Keu—, desde que te conozco has realizado muchas grandes proezas. ¡Fundaste Camelot y reuniste a los caballeros de la Mesa Redonda, has recuperado el Grial y has traído la paz a toda Bretaña! No dejaré de SEGUIRTE allá donde vayas...

Arturo sonrió y sir Keu ordenó ensillar dos caballos. Así, mientras todo Camelot se recuperaba lentamente de los festejos, los dos caballeros

partieron al galope, adentrándose en un espeso **BOSQUE**. Sir Keu se percató de que Arturo se había puesto su armadura más *bonita*, que resplandecía como el cristal a la luz de la tarde. Del cinturón colgaba su VALIOSA espada, Excalibur. ¡Debía de aguardarlos una aventura verdaderamente grandiosa!

LA PRUEBA DE SIR KEU

Arturo y sir Keu viajaron durante horas, hasta que el sol empezó a ponerse detrás de las copas de los árboles. En el bosque hacía cada vez más FRÍO y los dos caballeros, que empezaban a sentirse agotados, se detuvieron para DESCANSAR. Arturo desmontó y se volvió hacia sir Keu.

—Te he pedido que me acompañes porque quiero encomendarte una MISIÓN muy importante —le dijo—. Será mi última y gran aventura y necesito a un caballero de corazón puro. ¿Te ves capaz de ayudarme, Keu?

Sir Keu se sintió CONMOVIDO y *honrado*. ¡Entre todos los valientes caballeros de la Mesa Redonda, Arturo lo había elegido precisamente a él! Se arrodilló y respondió:

—Mi rey, por ti estoy dispuesto a hacer cualquier cosa, lo sabes bien. ¡PONME A PRUEBA!

Arturo lo ayudó a levantarse y le dio la mano como se hace con un amigo querido.

—Sabía que eras la persona adecuada, Keu.

El rey desenvainó Excalibur; la espada reflejaba la luz del ocaso y resplandecía con destellos rojos y anaranjados, como si estuviera hecha de fuego.

—Ésta es Excalibur, la espada encantada. Quien la empuña es invencible en el combate...

Arturo le enseñó luego a Keu la vaina de la espada, que tenía un PRECIOSO bordado en hilos de oro y plata.

—¡Y esta vaina protege a quien porta el arma como un **POTENTÍSIMO** escudo!

Sir Keu asintió en silencio, mientras Arturo volvía a envainar la espada y se la entregaba con gesto solemne, diciéndole:

—Sigue caminando por este bosque. Más adelante encontrarás un GRAN LAGO; coge Excalibur y tírala al agua. Cuando lo hayas hecho, vuelve aquí y cuéntame lo que hayas visto.

Sir Keu no lo entendía: «Excalibur es una ESPADA ENCANTADA, ¿por qué quiere deshacerse de ella? ¡No tiene sentido!».

Sin embargo, cuando levantó la mirada, vio que los ojos del rey reflejaban calma y **DECISIÓN**. Así pues, sin decir nada, cogió Excalibur y se marchó solo por el bosque, mientras Arturo se sentaba contra el tronco de un árbol para descansar.

Después de caminar un rato, sir Keu llegó a la orilla de un gran lago. En sus aguas quietas se **REFLEJABAN** las primeras estrellas de la noche y alrededor todo estaba en completo silencio, como si hasta el viento contuviese la respiración en espera de lo que iba a ocurrir.

Sir Keu **OBSERVÓ** Excalibur con admiración, ¡no podía tirarla! ¡Seguro que se trataba de un error! Tras reflexionar largamente, el caballcro tomó la espada y la **ESCONDIÓ** en el tronco hueco de un árbol. Luego volvió corriendo al claro donde había dejado a Arturo.

La esconderé aquí...

Cuando llegó, el rey le preguntó:
—Y bien, Keu, ¿has TIRADO la espada al lago?
—Sí, mi rey.
—¿Y qué has visto?
Sir Keu se puso colorado. Un caballero no podía mentir... Pero ¡aquélla era realmente una EMERGENCIA! Así que, balbuciendo, dijo:
—El lago estaba tranquilo, no corría ni un soplo de viento. He arrojado Excalibur al agua y la espada ha DESAPARECIDO en el fondo...

¡Vuelve al lago!
¡Ahora mismo!

Arturo miró a sir Keu con una expresión muy severa y dijo:
—Hermano mío, no has hecho lo que te he pedido. Ahora, por favor, VUELVE al lago, coge Excalibur y arrójala al agua.

Sir Keu se arrodilló y obedeció la orden. Fue hasta el árbol hueco y sacó Excalibur de su escondite. Luego se acercó a la orilla del lago. La oscuridad era ya intensa, pero la LUNA brillaba sobre el agua en calma como una gran moneda de oro. Sir Keu se dispuso a lanzar la espada, tal como le había ordenado Arturo... pero en el último momento le faltó valor. ¡No lograba hacer algo así!

De modo que ESCONDIÓ Excalibur de nuevo, esta vez en medio de la hierba alta, y corrió a donde estaba el rey.

La gran promesa

Nada más ver a sir Keu, Arturo le preguntó:

—¿Esta vez has hecho lo que te he pedido?

—Sí, mi señor. Cuando he lanzado la espada, el agua del lago se ha puesto **GRIS**, se han formado altísimas olas y el viento ha empezado a **SOPLAR** y ulular más fuerte que nunca...

Arturo negó con la cabeza, despacio.

—Keu, te lo pido por última vez, devuelve Excalibur al lago. **¡ES MUY IMPORTANTE!**

Así que Keu fue al lago por tercera vez.

Cogió Excalibur, escondida en la hierba, respiró hondo y la LANZÓ al lago con todas sus fuerzas. Mientras la espada giraba en el aire, las aguas se abrieron y del centro del lago emergió... ¡una mano! Era una mano FEMENINA, valiosos anillos adornaban sus dedos y la manga de un rico vestido de terciopelo blanco cubría el brazo hasta la muñeca. La mano se alargó hacia Excalibur y la agarró firmemente. Luego DESAPARECIÓ en el lago, llevándose la espada mientras las aguas volvían a cerrarse. Sir Keu cayó de rodillas, con la boca abierta por la maravilla contemplada. Luego se levantó de un salto y CORRIÓ hasta el claro donde lo esperaba Arturo. El rey se había dormido con la espalda apoyada en el tronco de un árbol. Cuando oyó llegar a Keu, se despertó y le preguntó:

Pero... ¡¿qué?!

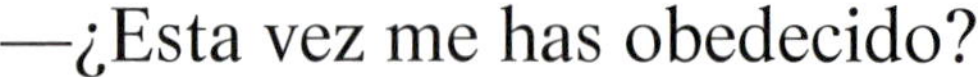

—¿Esta vez me has obedecido?

Keu, todavía TRASTORNADO, le contó que había visto salir una mano del lago y agarrar Excalibur.

Arturo se puso en pie y ABRAZÓ al caballero.

—Gracias, hermano mío, sabía que no me DECEPCIONARÍAS. Pero la aventura aún no ha terminado...

Echaron a andar hacia el lago, seguidos por los dos caballos, y Arturo le explicó por fin a Keu:

—Cuando Merlín me acompañó a ver a la Dama del Lago para pedirle Excalibur, le hice una PROMESA. La espada no era mía, sino que

pertenecía al lago... y a toda Bretaña. Así pues, le dije que, una vez obtenida la PAZ para todos los pueblos de mi reino, ¡la devolvería!

Sir Keu todavía no comprendía por qué Arturo le había pedido AYUDA a él.

El rey sonrió y le confesó que... temía que le faltaran las fuerzas en el momento de aquel último, difícil gesto. Había llevado Excalibur en muchas batallas y no encontraba el VALOR para separarse de ella.

—Por eso te necesitaba, Keu. ¡Sabía que cumplirías este deber en mi lugar!

Sir Keu se sintió ORGULLOSO por haber llevado a cabo un cometido tan importante.

El viaje de Arturo

Cuando llegaron al lago, una NEBLINA fina cubría el agua como una manta blanda y blanquísima.

Sir Keu le preguntó a Arturo por qué habían vuelto allí, pero el rey sólo le contestó:

—Así cumpliré realmente mi promesa.

Tenía una expresión TRANQUILA pero enigmática. Luego hizo bocina con las manos para amplificar la voz y gritó:

—¡Soy Arturo! ¡Finalmente he cumplido con mi deber y he mantenido mi promesa! ¡HE VUELTO!

Al principio no ocurrió nada. Luego, entre la niebla, vislumbraron una SILUETA oscura que se acercaba silenciosa. Era una barca de aspecto sobrio y elegante. Los costados estaban decorados con escudos y drapeados de tela blanca. A bordo iban cinco damas con la cara tapada con largos velos de colores.

—¿Quiénes son? —preguntó Keu.

—Son las hadas —contestó Arturo—. Ahora que he traído la paz, Camelot y Bretaña ya no

me necesitan. Sé que muchos valientes caballeros, junto con los de la Mesa Redonda, protegerán siempre estas tierras. ¡Mi país vivirá en ARMONÍA y el pueblo será FELIZ! Ya puedo partir.

Sir Keu sonrió; Arturo era verdaderamente un gran rey y había dedicado toda su vida al reino. ¡Ahora se merecía un poco de DESCANSO!

La barca misteriosa arribó a la orilla y las hadas saludaron a Keu y Arturo con amables palabras. Luego, el rey estrechó a su querido hermano en un fuerte abrazo.

—Por favor —le dijo—, despídete de todos en mi nombre. Recordad que siempre estaré con vosotros. ¡Habéis sido los *mejores* compañeros que podía desear!

En cuanto Arturo subió a bordo, la barca se adentró en las aguas hasta confundirse con la

espesa NIEBLA que flotaba sobre la superficie del lago.

Antes de que desapareciera del todo, sir Keu entró en el agua, mojándose las botas hasta las rodillas, y gritó:

—¿ADÓNDE LLEVÁIS A ARTURO?

Una voz cristalina le contestó:

—¡Lo llevamos con nosotras al reino de Avalón!

Y otras hermosas voces le hicieron eco:

—¡Lo llevamos a Avalón!

¡A Avalón!

¡A Avalón!

¡Adiós,
hermano mío!

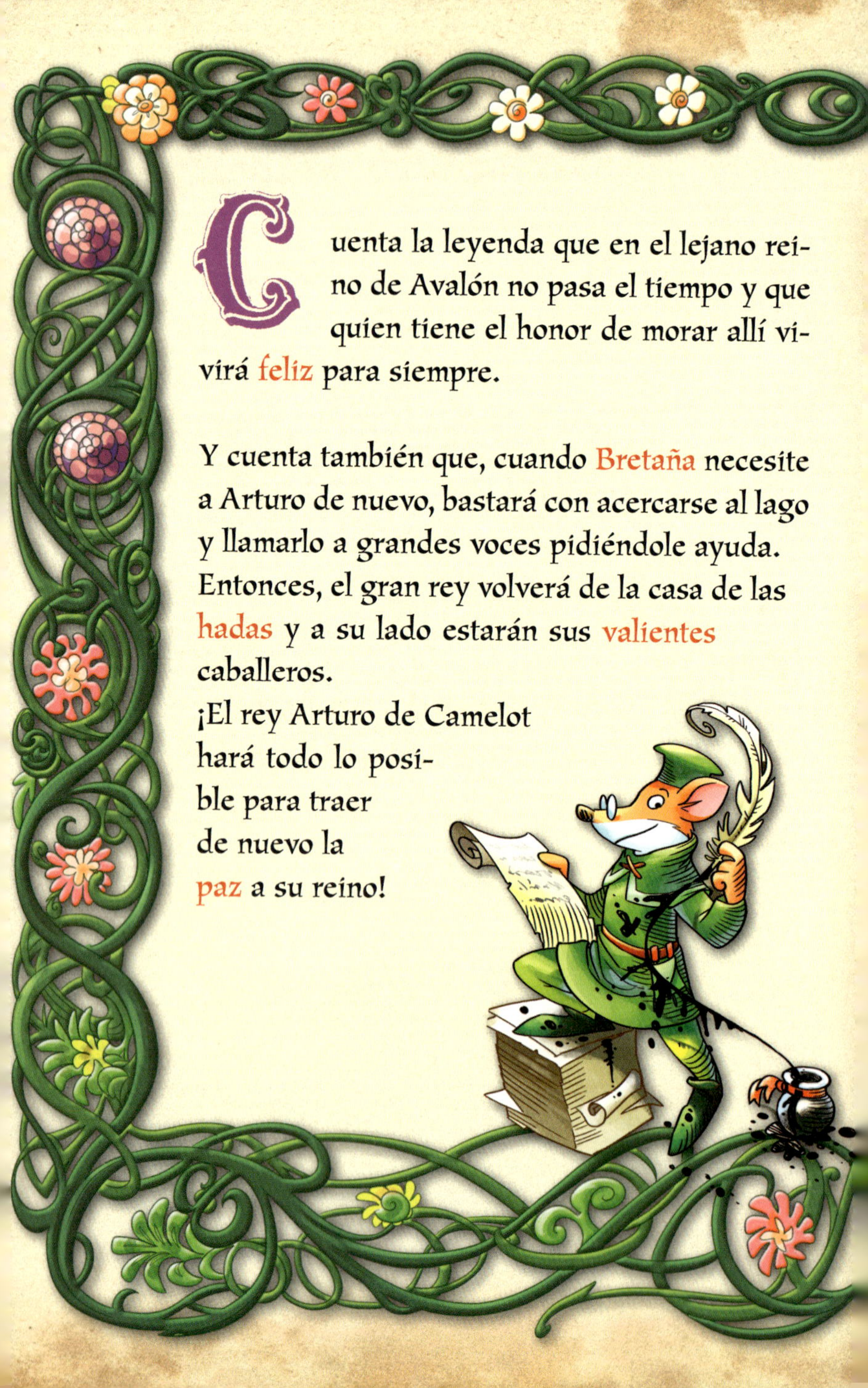

Cuenta la leyenda que en el lejano reino de Avalón no pasa el tiempo y que quien tiene el honor de morar allí vivirá feliz para siempre.

Y cuenta también que, cuando Bretaña necesite a Arturo de nuevo, bastará con acercarse al lago y llamarlo a grandes voces pidiéndole ayuda. Entonces, el gran rey volverá de la casa de las hadas y a su lado estarán sus valientes caballeros.

¡El rey Arturo de Camelot hará todo lo posible para traer de nuevo la paz a su reino!

¡UN ÉXITO CLAMOROSO!

Cuando terminé de declamar la saga del rey Arturo, en la sala del **MUSEO** se hizo un emotivo silencio. Algunos se enjugaban una LAGRIMILLA con el pañuelo, otros me miraban con la boca abierta y otros incluso se habían puesto colorados de la EMOCIÓN.

El profesor Desmemoriandus subió al estrado y cogió el micrófono.

—Amables ratones aquí reunidos, ¿les ha gustado la HISTORIA de... de... de...? —Se calló un momento y me susurró—: ¿Cómo se llamaba ese héroe?

Todos lo oyeron por los altavoces y respondieron a coro:

—¡EL REY ARTURO DE CAMELOT!

Y en ese momento estallaron los aplausos.

Cuando bajé del estrado, el alcalde Honorato Ratato me felicitó:

—¡Geronimo, es un honor que entre nuestros conciudadanos haya un descendiente del gran BARDO Stiltonius!

Luego, mi hermana **Tea** me abrazó con ímpetu.

—¡Cuánto me gustaría tener un novio tan valiente como Arturo!

METOMENTODO QUESOSO nos interrumpió saltando desde detrás de una columna.

—¡Hola, Stilton*ito*! ¿Quién te ha soplado esta **HISTORIETITA**? ¡Es de veras bon*ita*!

Iba a responderle, cuando se presentó **Patty Spring**, y para mí ella no es una amiga cualquiera...

—Hola... ¡Patty! —balbuceé—. He reservado una mesa para esta noche en el A la Luz de las Velas... ¿Te apetece venir? El chef ha preparado un banquete **medieval** sólo para nosotros...

Patty aceptó entusiasmada.

—¿Voy bien vestida así? ¿Pasas a buscarme? ¿A las ocho?

Respondí con timidez a su ráfaga de preguntas:

—¡Sí, estás *perfecta*! ¡Claro, en taxi! ¡Vale, a las ocho en punto!

Mientras Patty se alejaba entre la gente, mi **ABUELO TORCUATO** me agarró por un hombro.

—¿Adónde crees que vas, nieto? Tal vez no lo sepas, pero he leído muchísimos libros sobre Arturo... ¡y me parece que en algunos puntos la historia ha sido **DISTINTA**!

¡Nietooo!

—Es cierto —respondí—, porque cada escritor ha contado la *leyenda* a su manera. Yo he leído la versión de nuestro antepasado Stiltonius, ¡nosotros, los Stilton, deberíamos estar orgullosos!

Mi abuelo asintió y dijo:

—¡Un buen motivo para ir pitando a la redacción de *El Eco del Roedor* y escribir algo! Mañana quiero en primera plana:

«¡CONTAMOS LAS ENTRETELAS DE LA VIDA DEL REY ARTURO!»

En ese momento, el tragaldabas de TRAMPITA se acercó sonriendo.

—Si ya no necesitas la mesa reservada, puedo ir yo con mis amigos. ¡Naturalmente, pagas tú! ¿De acuerdo, Geronimucho?

—¡Ni hablar! ¡Esta noche voy a cenar con Patty!

—¡Vaya tonillo de HÉROE! —se burló Trampita—. ¡Te estás volviendo un caballero también tú!

Le prometí al abuelo Torcuato el artículo sobre Arturo y ZIGZAGUEÉ hacia la salida, despidiéndome cortésmente de los invitados.

Me dirigí a *El Eco del Roedor* y, por el camino, empecé a notar el CANSANCIO. ¡Había sido una jornada llena de emociones!

Subí a la oficina y me puse inmediatamente a trabajar en el **ARTÍCULO**. Sin darme cuenta, los párpados se me cerraron y empecé a soñar con Stiltonius, los caballeros de la Mesa Redonda y nobles damas...

¡ENTRA
EN EL CASTILLO
DEL REY ARTURO!

¡UNA JORNADA HEROICA!

por Geronimus Stiltonius

La vida en Camelot es realmente emocionante y está llena de sorpresas. Caballeros, torneos, gestas heroicas... ¡aquí, la aventura se respira en el aire!

Es un gran honor para mí conocer al rey Arturo, la reina Ginebra y los caballeros de la Mesa Redonda. Son valientes y honrados y les gustan las grandes empresas.

¿Qué hago yo aquí? Es fácil de explicar: a mí me corresponde la importante tarea de transmitir sus heroicos hechos para que nunca se olviden. Pero ¿a qué esperamos?

Seguidme en mi jornada en la corte de Camelot... ¡y os prometo que descubriréis maravillas!

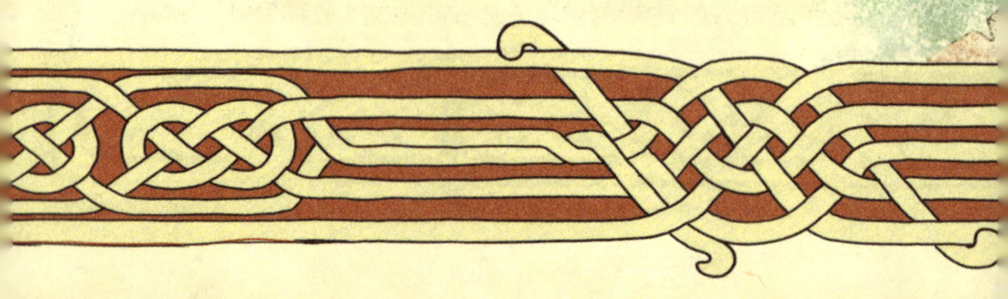

REBAÑO
DE OVEJAS
MOLINO
DE VIENTO
LABRADORES
ARADO
HERRERO
POZO

Desde la ventana del castillo, con las primeras luces del alba veo el pueblo, ¡imposible remolonear!
¡BLAMMM!
¡ÑÑIIIK!
¡BEEEEEEE!
¡Todos trabajan ya!
TIENDAS

¡Yo soy un bardo!

Tengo que trabajar. ¡En la corte todos quieren oír mis rimas! Corro a coger pergamino, pluma y tinta, ¡que son mis instrumentos de trabajo!

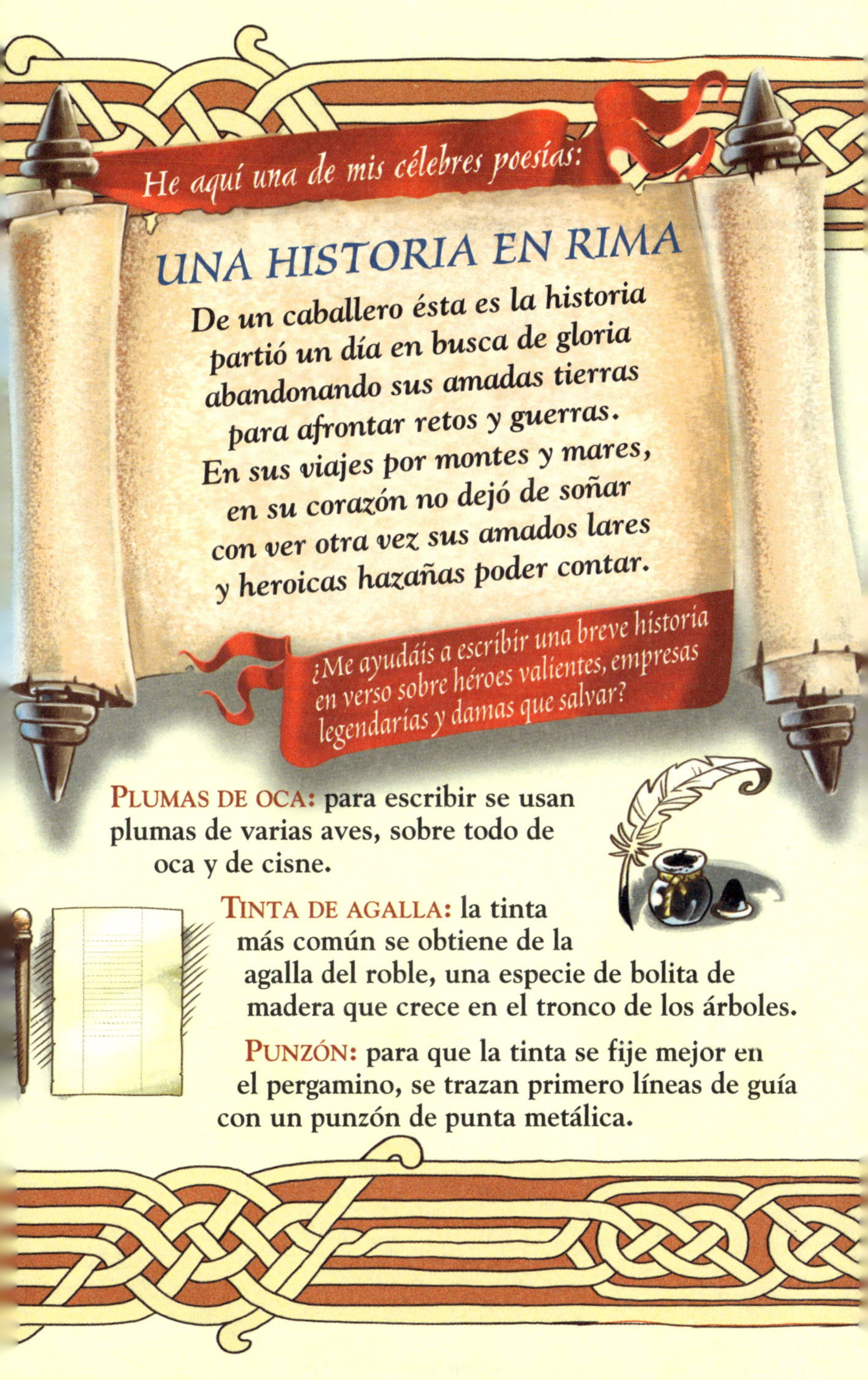

He aquí una de mis célebres poesías:

UNA HISTORIA EN RIMA

De un caballero ésta es la historia
partió un día en busca de gloria
abandonando sus amadas tierras
para afrontar retos y guerras.
En sus viajes por montes y mares,
en su corazón no dejó de soñar
con ver otra vez sus amados lares
y heroicas hazañas poder contar.

¿Me ayudáis a escribir una breve historia en verso sobre héroes valientes, empresas legendarias y damas que salvar?

PLUMAS DE OCA: para escribir se usan plumas de varias aves, sobre todo de oca y de cisne.

TINTA DE AGALLA: la tinta más común se obtiene de la agalla del roble, una especie de bolita de madera que crece en el tronco de los árboles.

PUNZÓN: para que la tinta se fije mejor en el pergamino, se trazan primero líneas de guía con un punzón de punta metálica.

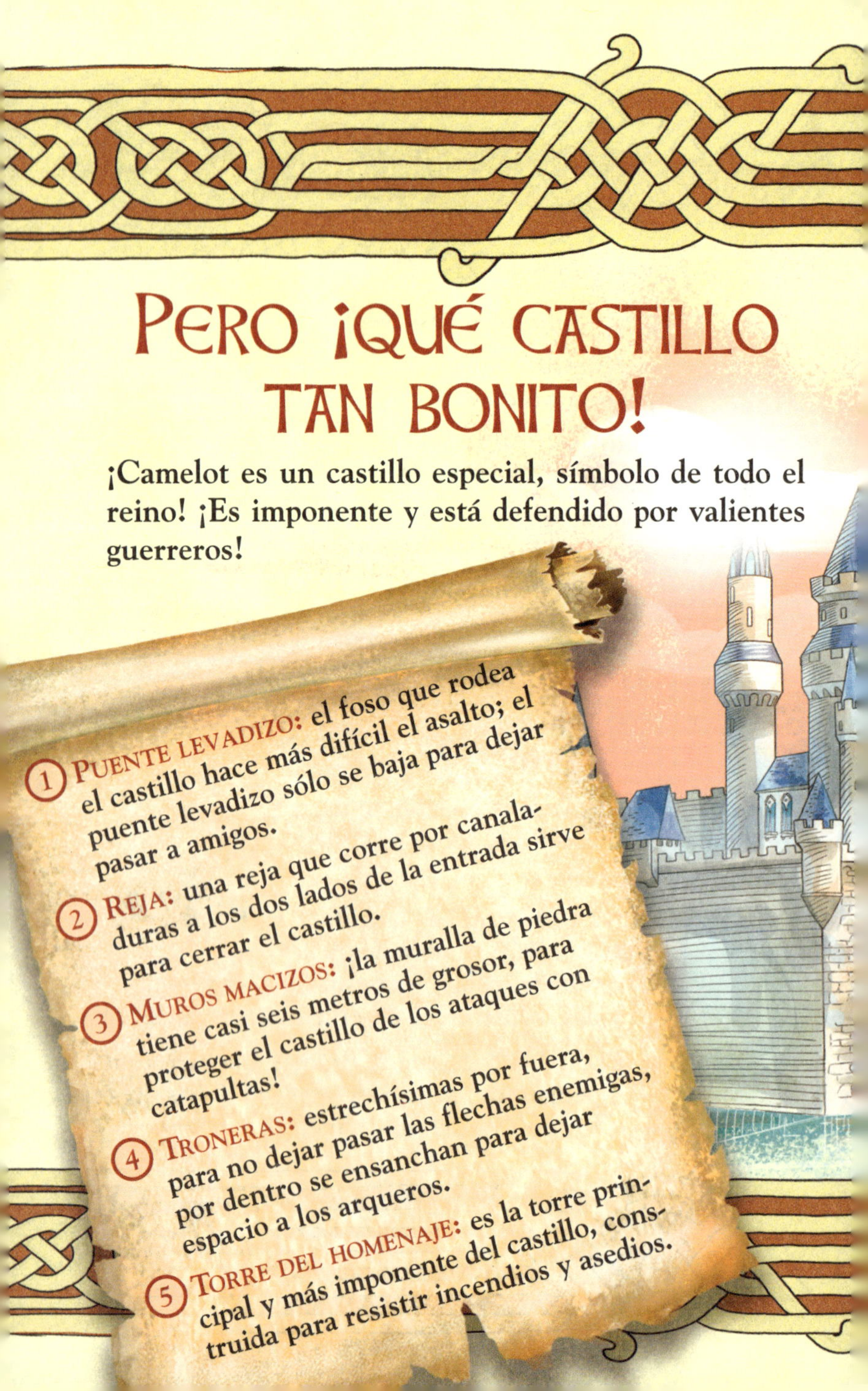

Pero ¡qué castillo tan bonito!

¡Camelot es un castillo especial, símbolo de todo el reino! ¡Es imponente y está defendido por valientes guerreros!

1. PUENTE LEVADIZO: el foso que rodea el castillo hace más difícil el asalto; el puente levadizo sólo se baja para dejar pasar a amigos.
2. REJA: una reja que corre por canaladuras a los dos lados de la entrada sirve para cerrar el castillo.
3. MUROS MACIZOS: ¡la muralla de piedra tiene casi seis metros de grosor, para proteger el castillo de los ataques con catapultas!
4. TRONERAS: estrechísimas por fuera, para no dejar pasar las flechas enemigas, por dentro se ensanchan para dejar espacio a los arqueros.
5. TORRE DEL HOMENAJE: es la torre principal y más imponente del castillo, construida para resistir incendios y asedios.

5
4
3
2
1

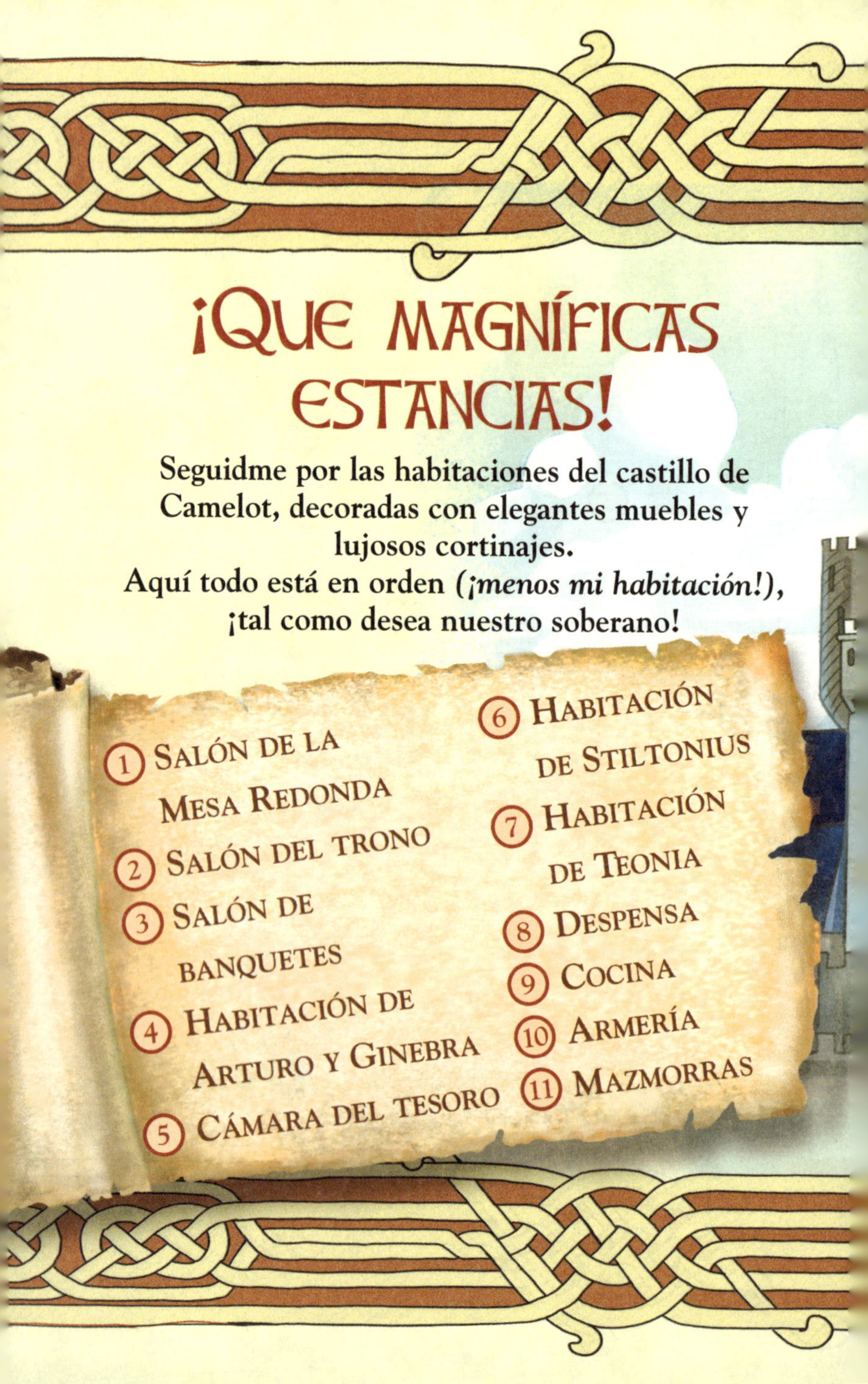

¡Que magníficas estancias!

Seguidme por las habitaciones del castillo de Camelot, decoradas con elegantes muebles y lujosos cortinajes.
Aquí todo está en orden (*¡menos mi habitación!*), ¡tal como desea nuestro soberano!

1
2
3
4
5
6
7
8
9
10
11

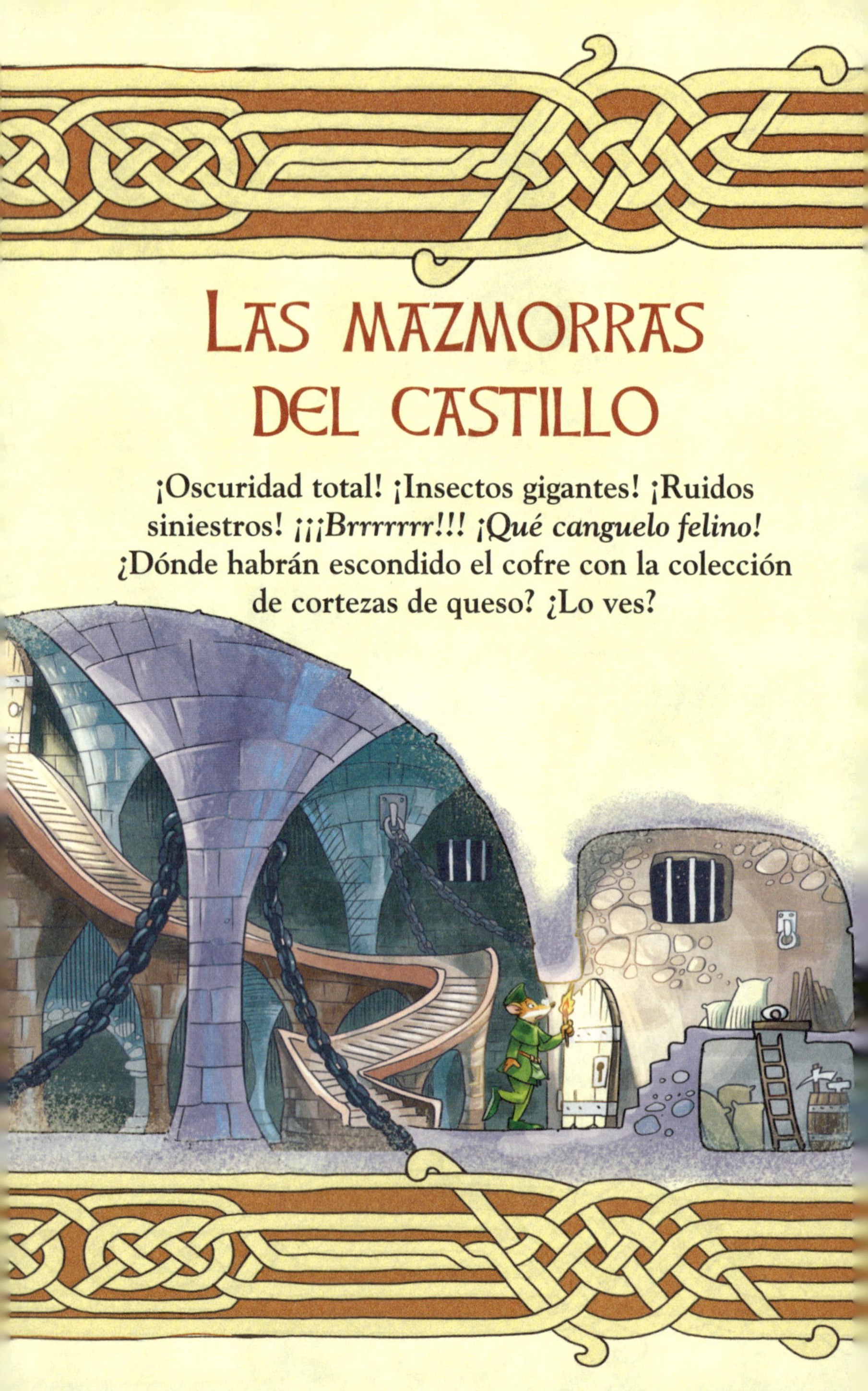

Las mazmorras del castillo

¡Oscuridad total! ¡Insectos gigantes! ¡Ruidos siniestros! *¡¡¡Brrrrrrr!!! ¡Qué canguelo felino!* ¿Dónde habrán escondido el cofre con la colección de cortezas de queso? ¿Lo ves?

Solución: el cofre está escondido en el foso,
¡vigilado por un cocodrilo!

¡El chambelán me regaña!

Esta vez el chambelán está realmente enfadado.
—¡Date prisa, Stiltonius! ¡¡Los cortesanos te esperan!!
¿Me ayudáis a escribir una historia de cada uno de ellos?

BIGOTEDORO CUENTACUARTOS
Chambelán
Administra el tesoro y los bienes del reino. Es uno de los consejeros de confianza del rey.

PUNTILLOSO CODICILIS
Senescal
Se ocupa de la justicia y organiza los compromisos del día.

Ferocius Gritonius
Heraldo
Oficial que preside los torneos, comunica la entrada en guerra y proclama la paz.
Mirabilio Tripahinchada
Maestro de ceremonias
Organiza los banquetes, los espectáculos, los torneos y las fiestas de la corte.
Tiendonius Vendotodo
Comerciante
Vende objetos preciosos, telas lujosas y perfumes selectos.
Maese Cabriola
Juglar
Divierte a la corte: ¡es actor, mimo, toca música, baila e incluso hace acrobacias!

¡CUÁNTOS BLASONES QUE RECORDAR!

¿Sabéis lo que es la heráldica?
Es un asunto complicadísimo...
Aprended cómo son los escudos de armas
y luego intentad dibujar uno vuestro.

LOS ESCUDOS HERÁLDICOS

Los escudos de armas sirven para distinguir a los amigos de los enemigos en medio de la batalla. Cada caballero pinta su escudo con colores vivos para indicar su pertenencia a una familia noble, mostrando sus orígenes, su valor y sus alianzas.
La insignia pintada en el escudo suele reproducirse también en el estandarte y la túnica del caballero.

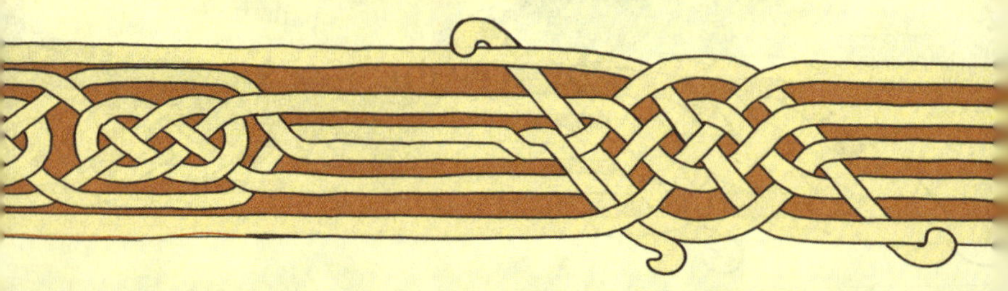

LOS HERALDOS DE ARMAS
Los heraldos de armas son oficiales encargados de describir («blasonar») los escudos de los caballeros que se presentan a un torneo. Para hacerlo, utilizan auténticas fórmulas propias, que cuentan toda la historia de una casa.
Escudo partido
Escudo cortado
Escudo tronchado
Escudo tajado
¡He aquí algunos escudos sencillos!
Escudo cuartelado
Escudo terciado

LAS JUSTAS

¡Por la tarde se celebra la justa! Los caballeros más nobles del reino se reúnen para disputarse la victoria. Se la dedicarán a su dama predilecta. ¡Lanza en ristre, abajo la visera y a la carga!

PALCO DE LAS DAMAS
PALCO DEL REY
CLARINES

LOS OTROS JUEGOS DE LOS TORNEOS

En los torneos hay ambiente de gran fiesta: por las calles pasan saltimbanquis y malabaristas y se regalan dulces de miel. ¡Empiezan los apasionantes retos entre arrojados caballeros!

EL ESTAFERMO

El caballero, montado, debe golpear con una lanza de madera a un muñeco relleno y que gira, denominado «Estafermo», que tiene en su brazo derecho una arma llamada mangual y en el izquierdo un escudo. El caballero tiene que golpear en el escudo, evitando a su vez ser golpeado por el mangual.

Tiro con arco

Los arqueros tienen que dar en una diana de círculos concéntricos, cada uno con una puntuación distinta. Tras varias series de disparos, ¡se proclama al vencedor!

Duelo a espada

Los contrincantes se enfrentan de dos en dos y van avanzando en la clasificación hasta el combate final, del que sale el ganador. Para que un golpe cuente, basta con dar en la armadura o el yelmo, sin herir al adversario.

Vestir a un caballero

Perceval me manda llamar. ¿Qué querrá de mí? No encuentra a su escudero y tendré que ayudarlo a ponerse la armadura... ¡cuánto pesa!

Lo primero que se pone son las calzas y una camisa de tela fuerte...

... la pernera es la parte que protege las piernas y está dividida en quijote, rodillera y greba, incluso los pies van protegidos con escarpes...

... el torso va protegido con la coraza, formada por el peto y el espaldar...

... luego se ponen los brazales, el derecho más flexible, para facilitar el uso de la espada...

... entre la espalda y los brazos se sujetan las hombreras...

... y por último se cala el yelmo, ¡la armadura está completa!

¡¡Qué cansancio!!

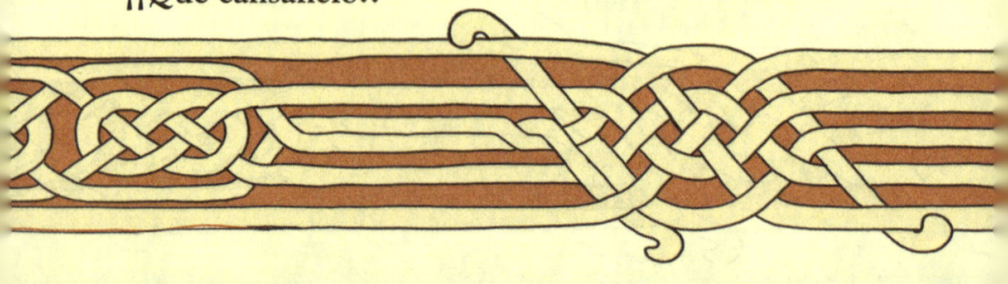

CORAZA
YELMO
HOMBRERA
QUIJOTE
RODILLERA
GREBA
ESCARPE
MANOPLA

EL JURAMENTO
DEL CABALLERO
Qué bonito, debo declamar delante del rey,
¡Perceval es nombrado caballero!
Me zumban los bigotes de emoción...

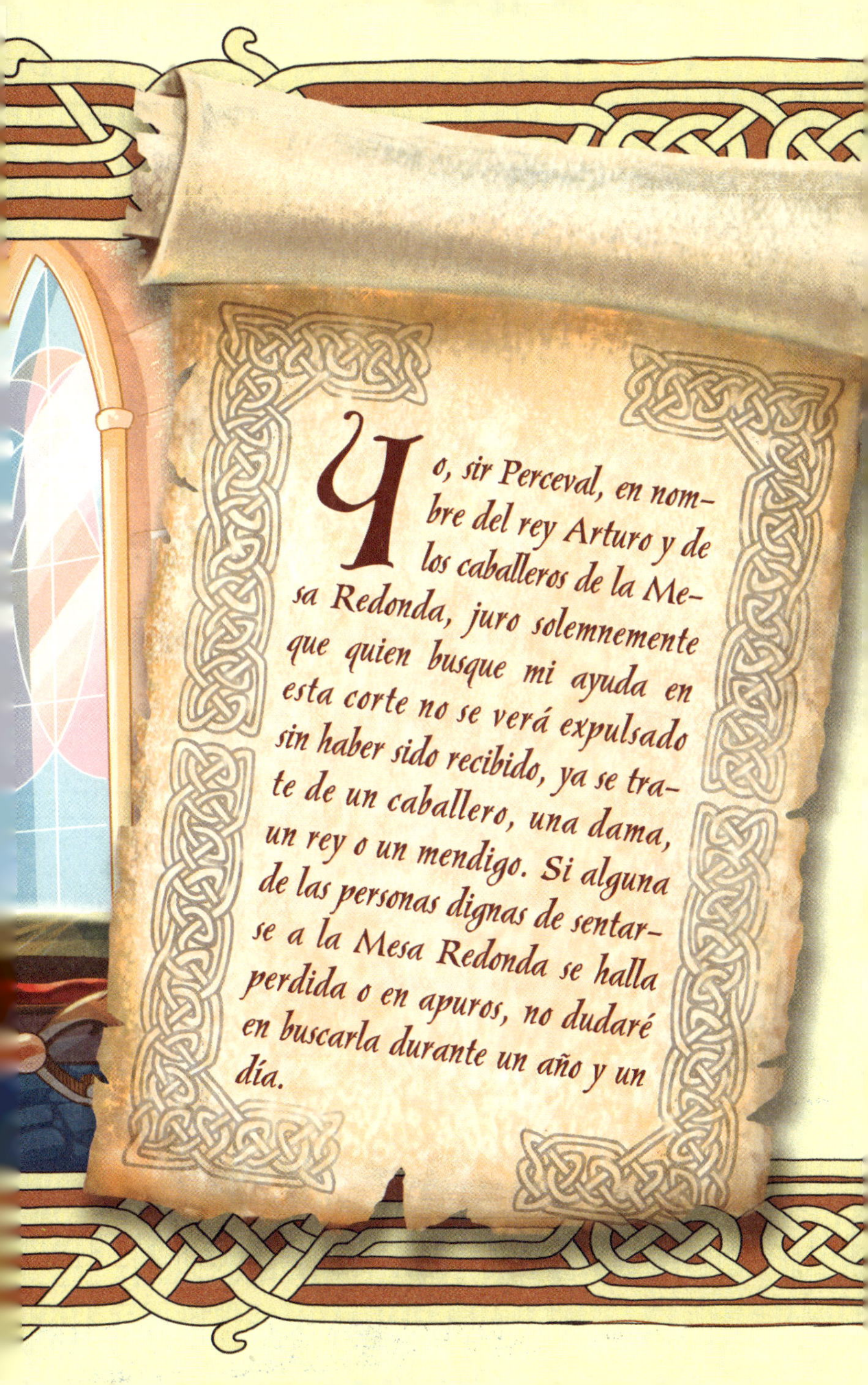
Yo, sir Perceval, en nombre del rey Arturo y de los caballeros de la Mesa Redonda, juro solemnemente que quien busque mi ayuda en esta corte no se verá expulsado sin haber sido recibido, ya se trate de un caballero, una dama, un rey o un mendigo. Si alguna de las personas dignas de sentarse a la Mesa Redonda se halla perdida o en apuros, no dudaré en buscarla durante un año y un día.

¡UNA JORNADA ROMÁNTICA!

por dama Teonia

Camelot es el lugar más romántico y fascinante que quepa imaginar. Todos los días se organizan torneos y fiestas, bailes y banquetes. Valientes caballeros parten en peligrosas misiones a los confines de Bretaña y protegen a todo el pueblo con su buen corazón.

¿Y qué puedo decir de Arturo y Ginebra, nuestros soberanos? ¡Forman una espléndida pareja y se percibe a simple vista lo enamorados que están!

¿Algún día encontraré yo también a un paladín que solicite mi mano?

Tengo muchos pretendientes... pero ¡no sé a quién elegir!

Si me seguís durante mi día en Camelot, tal vez podáis darme algún consejo...

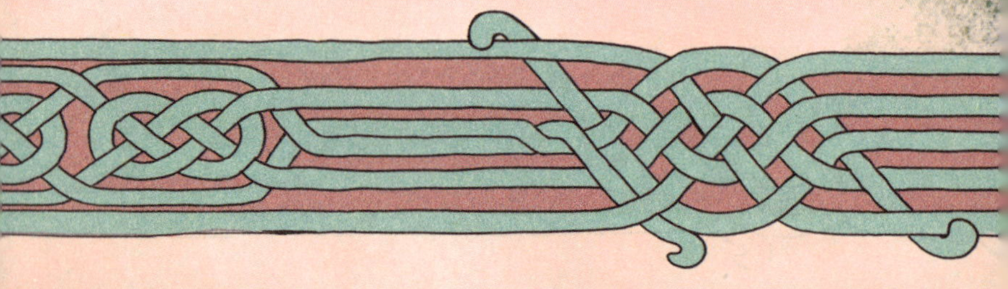

La habitación de una dama

Me despierto en mi cama con baldaquín, entre blandos almohadones de encaje, lista para un nuevo día en la corte. Pero ¡cuánto tiempo hace falta para vestirse y arreglarse como una gran dama!

Mis vestidos para todas las ocasiones
Arcón con telas preciosas
Tina para el baño

¿Qué vestido elegir?

Me paro a pensar delante del armario. ¿Cabalgaré al trote por el bosque? ¿Iré a ver a los caballeros en la justa? ¿Iré al banquete de la corte o al baile? La respuesta es sencilla: ¡haré todas estas cosas!

Justa

Para asistir al torneo, me pongo un abrigado vestido de terciopelo y un sombrero alto puntiagudo, con velo.

Amazona

Para cabalgar, elijo una túnica ceñida con un cinturón y una toca para protegerme del viento.

Banquete
¡Un elegante vestido celeste, embellecido con bordados dorados es perfecto para los festejos!
Gran baile
Para el baile he elegido un bonito tocado en forma de rosca y un vestido ligero de seda violeta bordada.
Los cosméticos de la Edad Media
Nosotras, las damas de la corte, usamos maquillaje para resaltar nuestra belleza natural. Nos blanqueamos la cara con cal o albayalde para que parezca de porcelana, con un poco de colorete en las mejillas y los labios realzados con una pizca de carmín. Nuestros perfumes favoritos son el agua de colonia y otras esencias delicadas.

LAS CUALIDADES DE UNA DAMA

Me reúno con las otras damas en el salón.
Son todas muy refinadas, pero sobre todo, son ¡amigas sinceras y amables!
Una dama no es tal por la belleza de su atuendo, ¡sino por las virtudes de su espíritu!

LAS VIRTUDES DE UNA DAMA

Las cualidades de una dama son admiradas por los caballeros, que hacen todo lo posible para conquistar su corazón. Las virtudes más importantes son:

AMABILIDAD
DULZURA
MODESTIA
ELEGANCIA
altruismo

Adelaida
Flama
Iseo
¿CUÁLES DE ESTAS DONCELLAS NECESITAN MI AYUDA PARA CONVERTIRSE EN VERDADERAS DAMAS?
Clotilde
Laura
Rosaura
Solución: Clotilde y Adelaida.

¡AL TROTE POR LOS BOSQUES!

¡No quiero estar ociosa todo el día!
Para estirar un poco las piernas, voy a las caballerizas del rey y hago ensillar un caballo blanco. ¡Cabalgo por los bosques como una experta amazona!

En la corte hay tres tipos de caballos...

PALAFRÉN: es un caballo robusto y manso que suelen montar las damas y también los caballeros para hacer sus entradas.

CORCEL: caballo «noble», menos robusto pero más ágil que el palafrén, adiestrado para obedecer con prontitud. Se emplea para la caza, los viajes y la batalla.

ROCÍN: es el caballo menos apreciado y menos adiestrado. Suelen usarlo los escuderos.

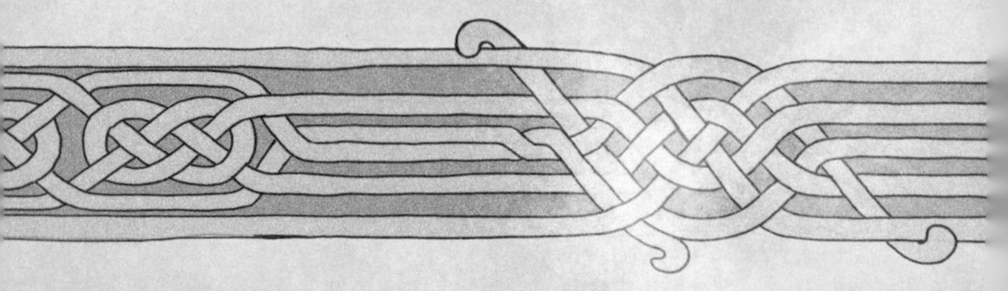

Preparaos para cabalgar

Para evitar caídas, es mejor utilizar un equipamiento seguro.

Estribos: sirven para subirse al caballo y mantener la estabilidad.

Silla: asegura al jinete una posición cómoda y estable.

Riendas y bridas: el jinete las usa para indicarle al caballo la dirección y la velocidad.

Herraduras: protegen los cascos en los terrenos duros.

El banquete real

Con ocasión del juramento de Perceval, habrá una celebración en el salón, con exquisitas libaciones y suculentos platos. Corro inmediatamente a cocinar mi receta secreta... ¡una verdadera delicia!

Ésta es mi receta secreta.
¡Prueba a prepararla tú!

¡ANTES DE EMPEZAR, PIDE AYUDA A UN ADULTO!

La blancomida

INGREDIENTES:

- 1 litro de leche
- 100 g de azúcar
- 100 g de almidón para dulces
- 10 g de almendras en polvo
- la ralladura de la piel de un limón

PREPARACIÓN:

Pon todos los ingredientes en una cacerola y caliéntalos con el fuego bajo. Remueve continuamente para que la crema espese y, cuando esté lista, retírala del fuego y viértela en un molde. ¡Déjala enfriar antes de servirla!

SUGERENCIAS:

Una vez lista, la blancomida puede servirse sobre hojas de limonero. ¡Créeme, es para lamerse los bigotes!

¡LLEGAN LOS MÚSICOS!

¡Después del banquete empieza la música! Aparece también mi hermano Stiltonius, que va a narrar una gran aventura...

Pandereta
Flauta
Laúd
Vihuela
Arpa
Guitarra

¡Empieza la fiesta!

En el salón de baile empieza la fiesta. ¡Qué maravilla! Pero ¿dónde habré metido mis escarpines? No puedo bailar sin ellos... ¿Me ayudáis a encontrarlos?

Solución: sus escarpines están debajo
del banco que hay junto a la ventana.

¡Comienza el baile!

Lanzarote me hace una reverencia, ¿qué querrá pedirme? ¡Me invita a bailar en el centro del salón! ¿Me acordaré de todos los pasos?

LAS DANZAS MEDIEVALES

Estos bailes en grupo o en pareja eran muy sencillos, basados en pasos rítmicos y figuras repetidas, que se ejecutaban en corro o en fila.

CAROLA: los bailarines se cogen de la mano y se disponen en círculo, que se abre, se entrecruza y vuelve a cerrarse.

FARANDOLA: los bailarines se cogen de la mano y se ponen en fila. La primera pareja elige los cambios de dirección y va formando los cruces más imaginativos.

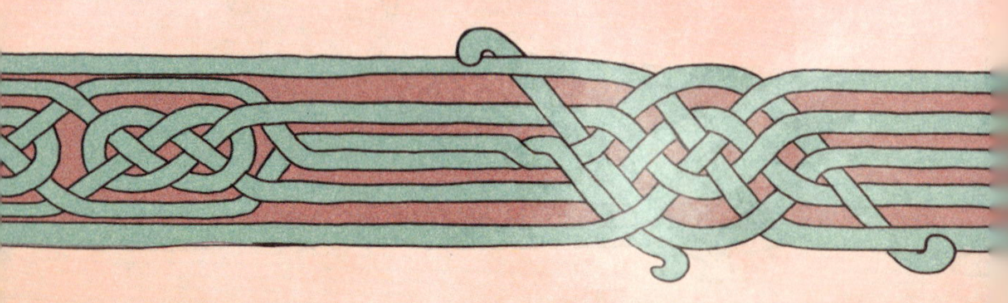

Tratad de ejecutar una danza con Lanzarote y conmigo:
1 Se comienza con una reverencia...
2 Se avanza uno junto al otro con un paso simple (se adelanta un pie, luego se junta el otro).
3 Luego un paso doble (se adelanta un pie, luego el otro y después se juntan).
¡Sencillo y divertido!
4 Luego se hace el balanceo (se desplaza el peso de un pie a otro).
5 Y por fin la recogida (paso atrás).

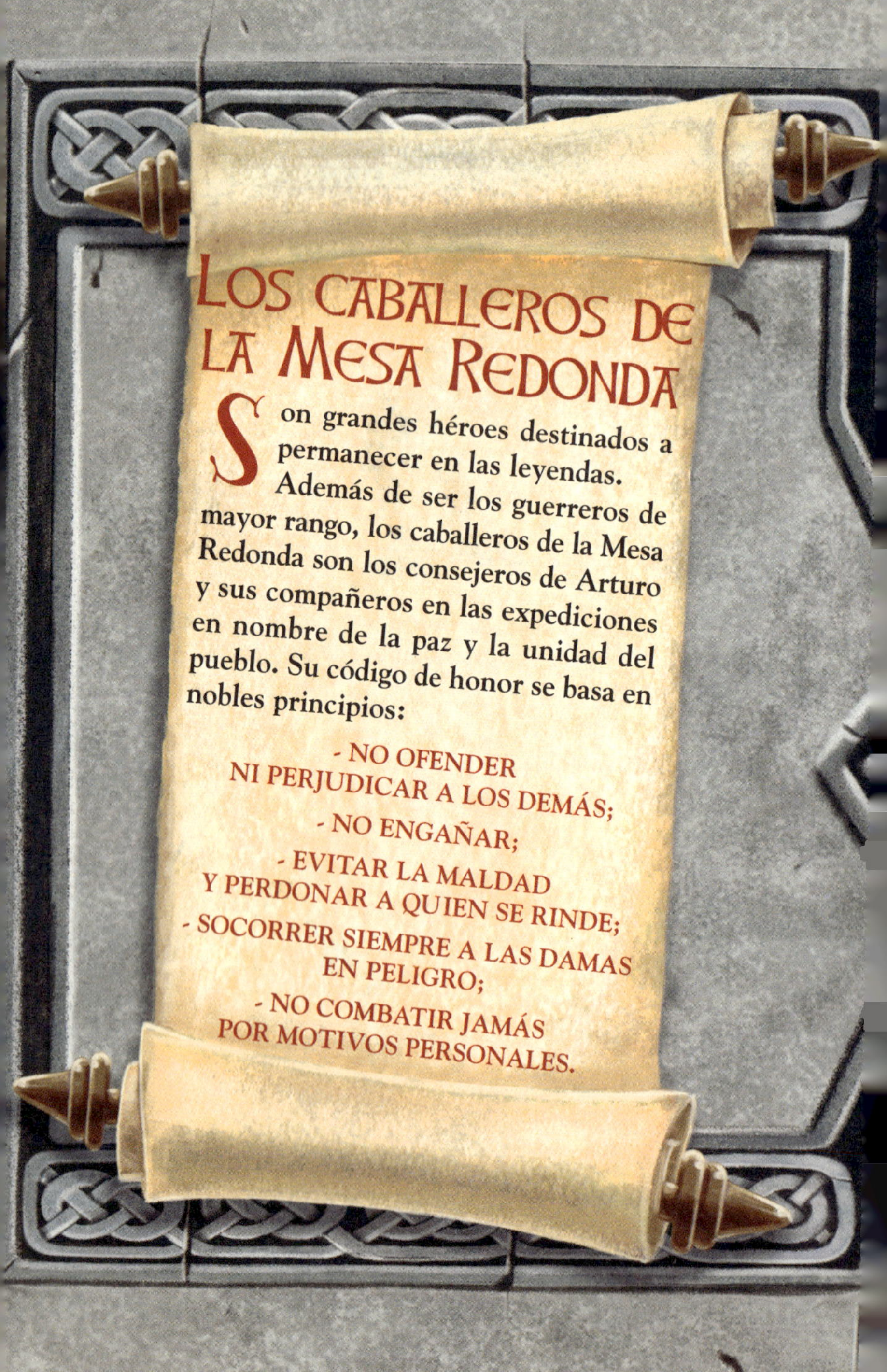

Los caballeros de la Mesa Redonda

Son grandes héroes destinados a permanecer en las leyendas. Además de ser los guerreros de mayor rango, los caballeros de la Mesa Redonda son los consejeros de Arturo y sus compañeros en las expediciones en nombre de la paz y la unidad del pueblo. Su código de honor se basa en nobles principios:

- NO OFENDER NI PERJUDICAR A LOS DEMÁS;
- NO ENGAÑAR;
- EVITAR LA MALDAD Y PERDONAR A QUIEN SE RINDE;
- SOCORRER SIEMPRE A LAS DAMAS EN PELIGRO;
- NO COMBATIR JAMÁS POR MOTIVOS PERSONALES.

Hijo del rey Ban de Benoic y de la reina Elena, se dice que vivió muchos años en el reino encantado de la Dama del Lago, pero un día quiso recorrer el mundo en busca de un caballero capaz de derrotarlo. Así comenzaron sus prodigiosas proezas como uno de los héroes más valientes de Camelot.
Sir Lanzarote

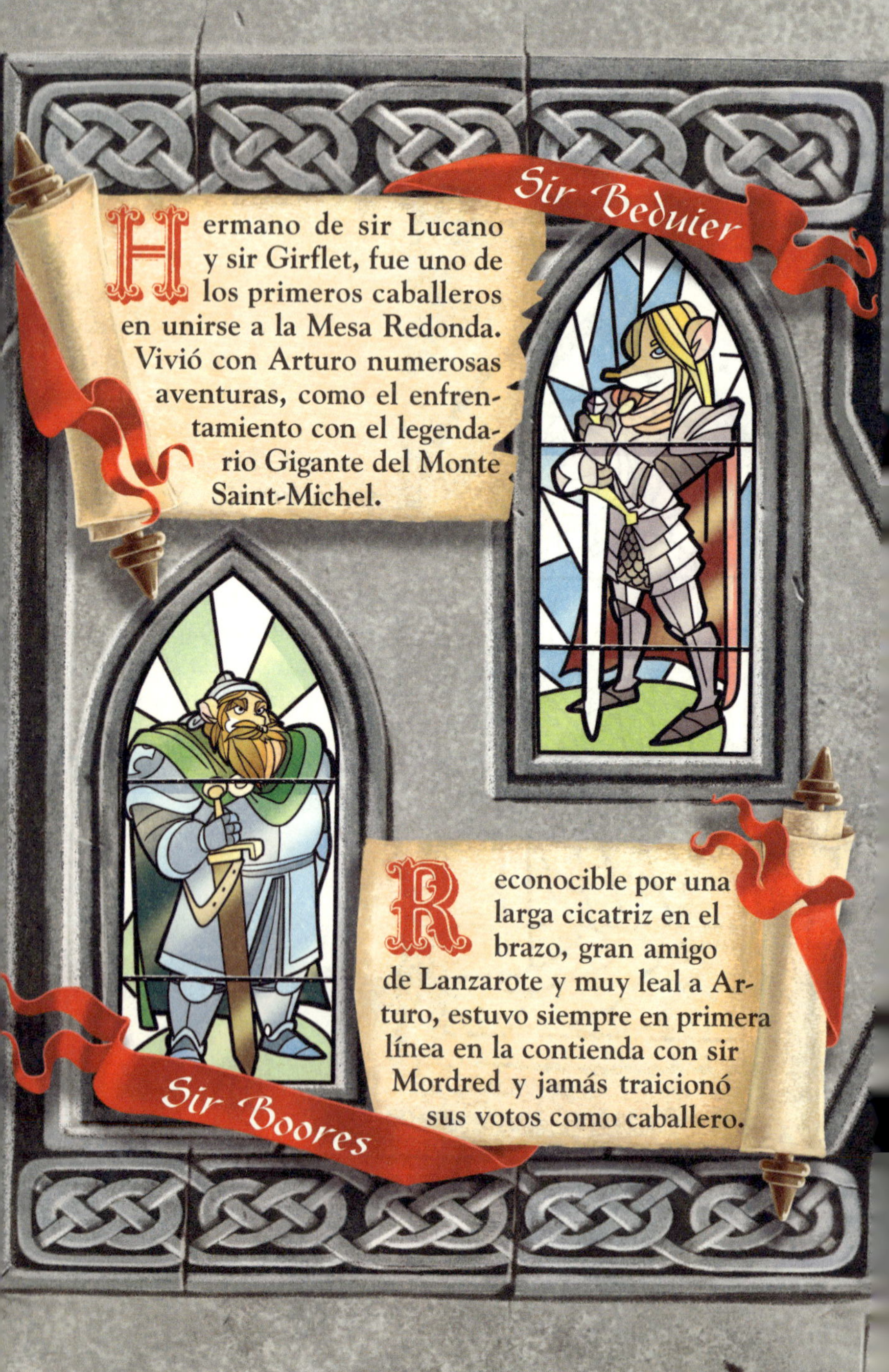
Sir Beduier
Hermano de sir Lucano y sir Girflet, fue uno de los primeros caballeros en unirse a la Mesa Redonda. Vivió con Arturo numerosas aventuras, como el enfrentamiento con el legendario Gigante del Monte Saint-Michel.
Sir Boores
Reconocible por una larga cicatriz en el brazo, gran amigo de Lanzarote y muy leal a Arturo, estuvo siempre en primera línea en la contienda con sir Mordred y jamás traicionó sus votos como caballero.

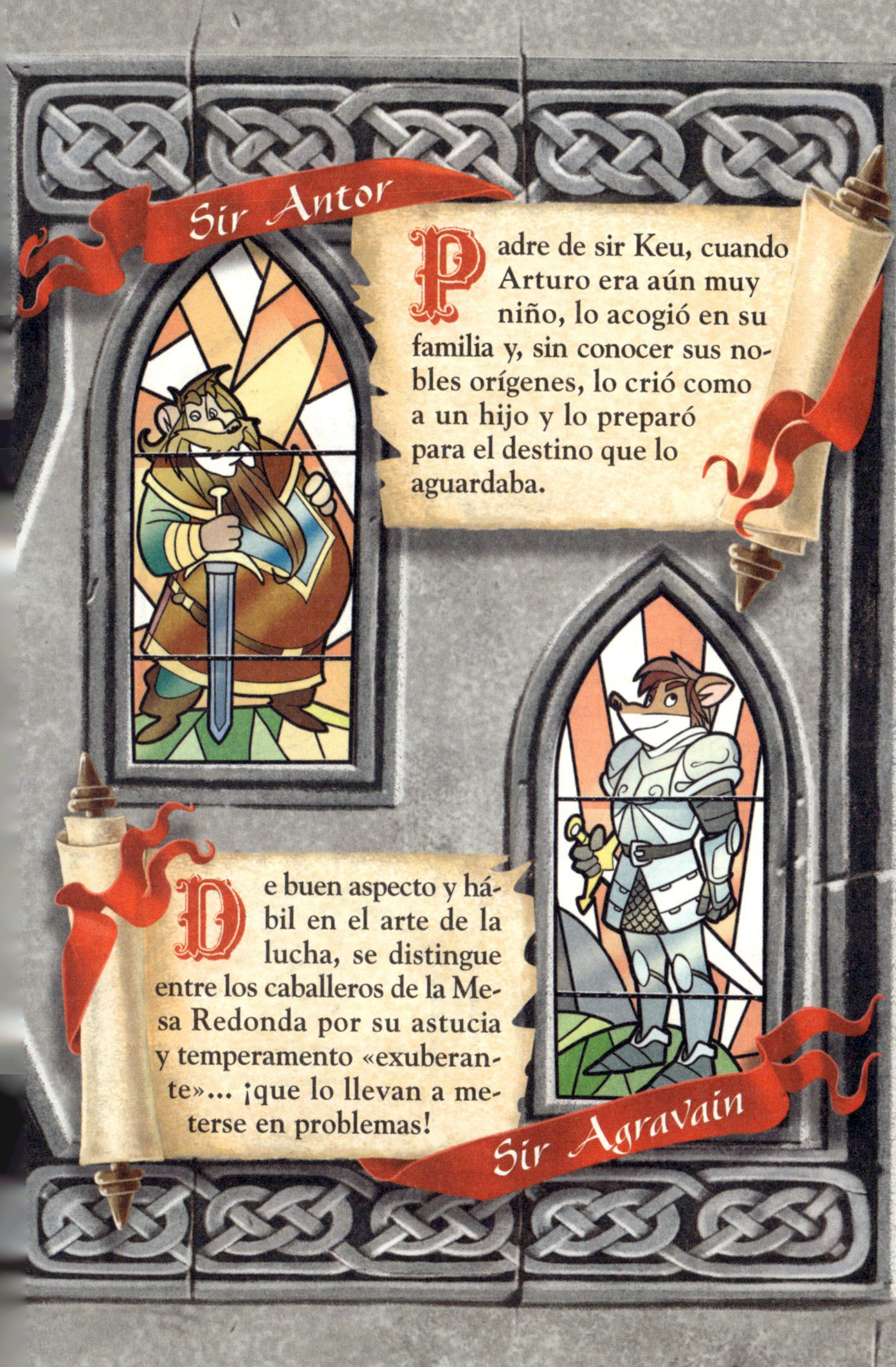
Sir Antor
Padre de sir Keu, cuando
Arturo era aún muy
niño, lo acogió en su
familia y, sin conocer sus nobles orígenes, lo crió como
a un hijo y lo preparó
para el destino que lo
aguardaba.
De buen aspecto y há-
bil en el arte de la
lucha, se distingue
entre los caballeros de la Mesa Redonda por su astucia
y temperamento «exuberan-
te»... ¡que lo llevan a meterse en problemas!
Sir Agravain

Es el hermano de Agravain, Gueheriet y Guerrehet. Está considerado uno de los más virtuosos caballeros de la Mesa Redonda: formidable guerrero, fiel a su rey, amigo leal para los jóvenes caballeros y defensor de los pobres y las mujeres. Su fuerza crece con el sol: es invencible a mediodía y se debilita al atardecer.
Sir Galván

Sir Guerrehet
Hermano de Agravain, Galván y Gueheriet. Se presentó en Camelot como pinche de cocina y demostró su valor enfrentándose a muchos bravos caballeros, que a continuación juraron servirlo.
Sir Galaad
Célebre por su nobleza y su pureza de espíritu, es uno de los valientes que participaron en la búsqueda del Grial sin perder jamás el ánimo, demostrando gran valor y perseverancia.

Sir Lamorat

Hijo del rey Pelinor, fue famoso por su fuerza y su fiereza. Su familia estaba peleada con la del rey Lot de Orcania, pero todo se resolvió cuando Arturo los acogió a ambos en la Mesa Redonda.

Sir Palamedes

Apodado «el Sarraceno» por su origen árabe. Era hijo del rey Esclabor de Babilonia y hermano de Safar y Seguradés, que también se unieron a los caballeros de la Mesa Redonda. Son célebres sus duelos con Tristán.

Hijo de sir Antor, sir Keu acogió a Arturo como a un hermano cuando Merlín lo entregó a su familia y creció y jugó con él.
Luego se unió con júbilo a los caballeros de la Mesa Redonda en el momento en que Arturo se convirtió en rey de Bretaña.
Es el más fiel de los caballeros y sigue al rey Arturo allá donde va.
Sir Keu

Caballero de corazón puro, tras una larga y fatigosa búsqueda, logró encontrar el Grial, la copa de la abundancia, en el castillo del Rey Pescador que, impresionado por su bondad y sabiduría, le permitió cogerlo y llevárselo a Arturo. Así comenzó un período de gran felicidad y prosperidad para todo el reino de Bretaña.
Sir Perceval

Sir Pelinor
Rey de las Islas y padre de los caballeros Aglován, Drian, Lamorat y Tor, es un amigo y aliado de Arturo. Proporcionó una valiosa ayuda a Perceval, Boores y los demás en la búsqueda del Grial.
Sir Tristán
Hijo de Meliodas, rey de Lionís, Tristán es un caballero con dotes de poeta y cantor. Vivió una preciosa pero complicada historia de amor con Iseo de Irlanda. Tristán siempre demostró ser un valeroso combatiente.

¡Aquí termina nuestra
jornada en el castillo del
rey Arturo, donde damas
y caballeros entretejen su
destino con la leyenda!

ÍNDICE

Geronimo Stilton

Marca en la casilla correspondiente los títulos que tienes de todas las colecciones de Geronimo Stilton:

Colección Geronimo Stilton

- ❒ 1. Mi nombre es Stilton, Geronimo Stilton
- ❒ 2. En busca de la maravilla perdida
- ❒ 3. El misterioso manuscrito de Nostrarratus
- ❒ 4. El castillo de Roca Tacaña
- ❒ 5. Un disparatado viaje a Ratikistán
- ❒ 6. La carrera más loca del mundo
- ❒ 7. La sonrisa de Mona Ratisa
- ❒ 8. El galeón de los gatos piratas
- ❒ 9. ¡Quita esas patas, Caraqueso!
- ❒ 10. El misterio del tesoro desaparecido
- ❒ 11. Cuatro ratones en la Selva Negra
- ❒ 12. El fantasma del metro
- ❒ 13. El amor es como el queso
- ❒ 14. El castillo de Zampachicha Miaumiau
- ❒ 15. ¡Agarraos los bigotes... que llega Ratigoni!
- ❒ 16. Tras la pista del yeti
- ❒ 17. El misterio de la pirámide de queso
- ❒ 18. El secreto de la familia Tenebrax
- ❒ 19. ¿Querías vacaciones, Stilton?
- ❒ 20. Un ratón educado no se tira ratopedos
- ❒ 21. ¿Quién ha raptado a Lánguida?
- ❒ 22. El extraño caso de la Rata Apestosa
- ❒ 23. ¡Tontorratón quien llegue el último!
- ❒ 24. ¡Qué vacaciones tan superratónicas!
- ❒ 25. Halloween... ¡qué miedo!
- ❒ 26. ¡Menudo canguelo en el Kilimanjaro!
- ❒ 27. Cuatro ratones en el Salvaje Oeste
- ❒ 28. Los mejores juegos para tus vacaciones
- ❒ 29. El extraño caso de la noche de Halloween
- ❒ 30. ¡Es Navidad, Stilton!
- ❒ 31. El extraño caso del Calamar Gigante
- ❒ 32. ¡Por mil quesos de bola... he ganado la lotorratón!

- ❒ 33. El misterio del ojo de esmeralda
- ❒ 34. El libro de los juegos de viaje
- ❒ 35. ¡Un superratónico día... de campeonato!
- ❒ 36. El misterioso ladrón de quesos
- ❒ 37. ¡Ya te daré yo karate!
- ❒ 38. Un granizado de moscas para el conde
- ❒ 39. El extraño caso del Volcán Apestoso
- ❒ 40. ¡Salvemos a la ballena blanca!
- ❒ 41. La momia sin nombre
- ❒ 42. La isla del tesoro fantasma
- ❒ 43. Agente secreto Cero Cero Ka
- ❒ 44. El valle de los esqueletos gigantes
- ❒ 45. El maratón más loco
- ❒ 46. La excursión a las cataratas del Niágara
- ❒ 47. El misterioso caso de los Juegos Olímpicos
- ❒ 48. El templo del rubí de fuego
- ❒ 49. El extraño caso del tiramisú

Libros especiales de Geronimo Stilton

- ❒ En el Reino de la Fantasía
- ❒ Regreso al Reino de la Fantasía
- ❒ Tercer viaje al Reino de la Fantasía
- ❒ Cuarto viaje al Reino de la Fantasía
- ❒ Quinto viaje al Reino de la Fantasía
- ❒ Sexto viaje al Reino de la Fantasía
- ❒ Séptimo viaje al Reino de la Fantasía
- ❒ Viaje en el Tiempo
- ❒ Viaje en el Tiempo 2
- ❒ Viaje en el Tiempo 3
- ❒ La gran invasión de Ratonia
- ❒ El secreto del valor

Grandes historias Geronimo Stilton

- ❒ La isla del tesoro
- ❒ La vuelta al mundo en 80 días
- ❒ Las aventuras de Ulises
- ❒ Mujercitas
- ❒ El libro de la selva
- ❒ Robin Hood
- ❒ La llamada de la selva

Tea Stilton

Colección Tea Stilton

- ❒ 1. El código del dragón
- ❒ 2. La montaña parlante
- ❒ 3. La ciudad secreta
- ❒ 4. Misterio en París
- ❒ 5. El barco fantasma
- ❒ 6. Aventura en Nueva York
- ❒ 7. El tesoro de hielo
- ❒ 8. Náufragos de las estrellas
- ❒ 9. El secreto del castillo escocés
- ❒ 10. El misterio de la muñeca desaparecida
- ❒ 11. En busca del escarabajo azul
- ❒ 12. La esmeralda del príncipe indio
- ❒ 13. Misterio en el Orient Express

Cómic Tea Stilton

- ❒ 1. El secreto de la Isla de las Ballenas
- ❒ 2. La revancha del club de las lagartijas
- ❒ 3. El tesoro del barco vikingo
- ❒ 4. Esperando la ola gigante

Vida en Ratford

- ❒ 1. Escenas de amor en Ratford
- ❒ 2. El diario secreto de Colette
- ❒ 3. El club de Tea en peligro
- ❒ 4. Reto a paso de danza
- ❒ 5. El proyecto supersecreto
- ❒ 6. Cinco amigas y un musical
- ❒ 7. El camino a la fama

Cómic Geronimo Stilton

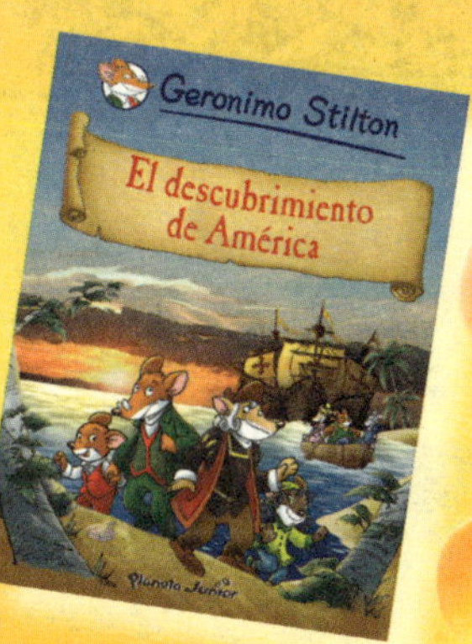

- ❐ 1. El descubrimiento de América
- ❐ 2. La estafa del Coliseo
- ❐ 3. El secreto de la Esfinge
- ❐ 4. La era glacial
- ❐ 5. Tras los pasos de Marco Polo
- ❐ 6. ¿Quién ha robado la Mona Lisa?
- ❐ 7. Dinosaurios en acción
- ❐ 8. La extraña máquina de libros
- ❐ 9. ¡Tócala otra vez, Mozart!
- ❐ 10. Stilton en los Juegos Olímpicos
- ❐ 11. El primer samurái
- ❐ 12. El misterio de la Torre Eiffel

Superhéroes

- ❐ 1. Los defensores de Muskrat City
- ❐ 2. La invasión de los monstruos gigantes
- ❐ 3. El asalto de los grillotopos
- ❐ 4. Supermetomentodo contra los tres terribles
- ❐ 5. La trampa de los superdinosaurios
- ❐ 6. El misterio del traje amarillo
- ❐ 7. Las abominables Ratas de la Nieves
- ❐ 8. ¡Alarma, fétidos en acción!
- ❐ 9. Supermetomentodo y la piedra lunar

¿Te gustaría ser miembro del CLUB GERONIMO STILTON?

Sólo tienes que entrar en la página web **www.clubgeronimostilton.es** y darte de alta. De este modo, te convertirás en ratosocio/a y podré informarte de todas las novedades y de las promociones que pongamos en marcha.

¡PALABRA DE GERONIMO STILTON!

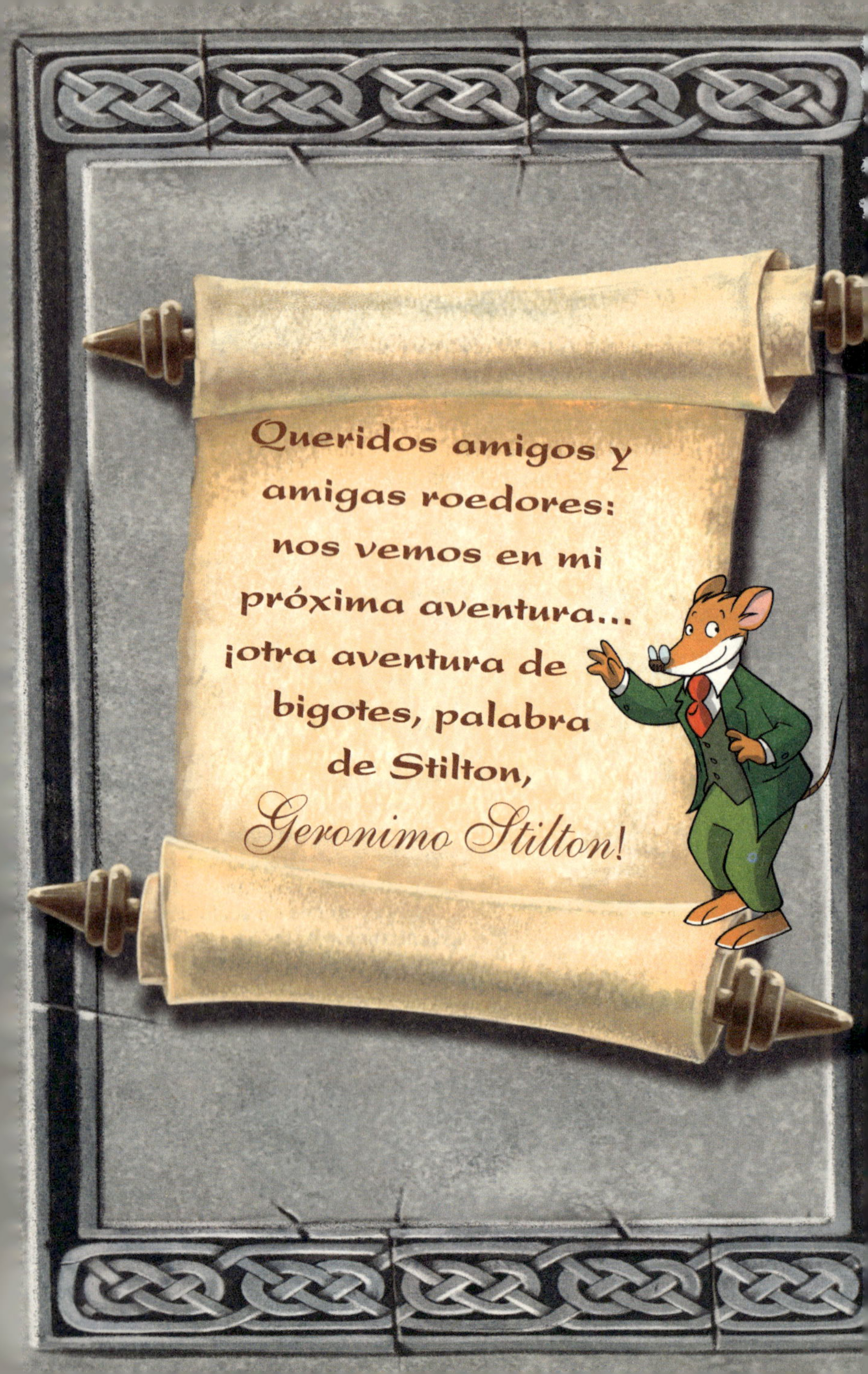
Queridos amigos y
amigas roedores:
nos vemos en mi
próxima aventura...
¡otra aventura de
bigotes, palabra
de Stilton,
Geronimo Stilton!

ARTURO Y LOS CABALLEROS
DE LA MESA REDONDA